Zu diesem Buch

Die Suche nach dem richtigen Partner fürs Leben gestaltet sich wahrlich nicht immer einfach. Wie viele Leiderprobte aus Erfahrung wissen, sind Märchenprinzen und Traumfrauen im Alltag eine seltene Erscheinung.

Eine erfüllte Liebesbeziehung fällt nicht vom Himmel; man kann etwas dafür tun. Will man die Partnersuche nicht dem Zufall überlassen, sondern strategisch angehen, sind Mut, Ausdauer und Selbstbewußtsein vonnöten. Ganz entscheidend ist die innere Bereitschaft, sich mit den eigenen Wunschvorstellungen auseinanderzusetzen. Nur so findet man einen persönlichen, realistischen Weg, um den Traum von der großen Liebe in die Tat umzusetzen.

John James und Ibis Schlesinger, counseling-erfahrene Psychotherapeuten, zeigen auf, welche konkreten Schritte bei der gezielten Suche nach dem oder der Richtigen hilfreich sind.

John James / Ibis Schlesinger

Weil Liebe nicht vom Himmel fällt

Strategien der Partnersuche

Aus dem Amerikanischen von
Andrea von Struve und Petra Post

Rowohlt

Die amerikanische Originalausgabe erschien 1987 unter dem Titel
«Are You the One For Me? How to Choose the Right Partner»
bei Addison-Wesley, Reading/Massachusetts
Redaktion Barbara Wenner
Umschlaggestaltung Nina Rothfos/Barbara Hanke

Deutsche Erstausgabe
Veröffentlicht im Rowohlt Taschenbuch Verlag GmbH,
Reinbek bei Hamburg, August 1990
Copyright © 1990 by Rowohlt Taschenbuch Verlag GmbH,
Reinbek bei Hamburg
«Are You the One For Me? How to Choose the Right Partner»
Copyright © 1987 by Addison-Wesley, Reading/Massachusetts
Gesetzt aus der Sabon und Futura (Linotronic 500)
Gesamtherstellung Clausen & Bosse, Leck
Printed in Germany
980-ISBN 3 499 18742 6

Inhalt

1 Der Traum von einer idealen Partnerschaft

« Mein ganzes Leben lang habe ich davon geträumt, von der Arbeit nach Hause zu kommen und mit dem Menschen, den ich liebe, zusammen gemütlich vorm Kaminfeuer zu sitzen. In meinen Träumen höre ich uns lachen, spüre, wie sehr wir uns lieben, und sehe, wie wir gemeinsam alt werden und sich unsere Beziehung allmählich immer mehr vertieft.

Dann holt mich der Alltag wieder ein, und ich frage mich: Mit wem wird sich dieser Traum für mich je verwirklichen lassen? Ich hoffe, daß es diesen Menschen irgendwo gibt. Ich weiß, daß wir eines Tages zusammenkommen werden, aber ich weiß nicht wie. Ich sage mir immer wieder, daß ich Geduld haben und weitersuchen muß, daß ich mich auf diese Begegnung vorbereiten sollte und nicht aufgeben darf. Ich sage mir, daß ich an meinen Träumen festhalten muß, denn Träume können wahr werden! Dann überlege ich hin und her: Was kann ich tun, damit sie sich erfüllen?»

Die meisten Menschen sind auf der Suche nach ihrem Traummann oder ihrer Traumfrau. Obwohl sich viele von uns fragen (und manchmal darüber verzweifeln), ob sich unsere Träume je erfüllen werden, so halten wir doch an ihnen fest. Der Traum von der idealen Partnerschaft ist einer der elementarsten Träume, die Menschen bewegen.

Eine erfüllte Liebesbeziehung kann die Voraussetzung dafür sein, auch andere Lebensziele zu verwirklichen. Sie gibt uns Geborgenheit, Sicherheit und spornt uns an. Sie ermöglicht es uns, unsere inneren Reserven wieder aufzufrischen, um für die Herausforderungen des täglichen Lebens gewappnet zu sein. In einer erfüllten Partnerschaft ist es einfacher, andere Träume zu verwirklichen, weil wir zufriedener, ausgeglichener und hoffnungsvoller sind.

Das erste Kapitel macht Sie mit einigen neuen Aspekten zum

Thema Zukunftsträume vertraut und wird Ihnen zeigen, wie Sie etwas über Ihren persönlichen Traum vom idealen Partner herausfinden können. Sie werden erfahren, wie solche Träume entstehen, wie man daraus realistische entwickelt, wie man alte Träume, die unerfüllt blieben, aufgibt, und wie man für sich neue, realisierbare Träume entwirft. Wahrscheinlich werden sich einige Ihrer Träume erfüllt haben und andere nicht, so wie es den meisten von uns geht. Wahrscheinlich sind Sie sich einiger Ihrer Zukunftsträume bewußt und anderer nicht. Wenn Sie diese unterschwelligen Träume in Ihr Bewußtsein holen, können Sie Ihre Partnersuche gezielter und systematischer angehen. Seien Sie darauf gefaßt, daß Sie möglicherweise mit schmerzvollen Erinnerungen an vergangene Enttäuschungen konfrontiert werden.

Zukunftsträume

In Zukunftsträumen entwickeln wir konkrete Bilder von unseren persönlichen Wünschen. Diese Träume haben nichts mit den wirren Phantasieprodukten des nächtlichen Schlafs zu tun, genausowenig wie mit den bunten Gedankenbildern unserer Tagträume. Sie sind ein Sammelsurium an Hoffnungen, Wünschen, Idealen und Zielen, die auf die eigene Zukunft gerichtet sind. Sie können, außer dem Traum vom idealen Lebenspartner, auch beruflichen Erfolg, materielle Sicherheit, ein harmonisches Familienleben, Reisen, Ruhm, Wohlstand und noch vieles mehr einschließen. Die Kombination dieser Elemente bildet das Mosaik Ihres ganz persönlichen Zukunftstraums.

Diese Träume können bescheiden oder anspruchsvoll, vage oder klar umrissen sein, uns verzehren oder leise vor sich hin glühen. Manche Aspekte sind uns bewußt und lassen uns aktiv werden, andere bleiben uns verborgen und können dennoch unser Handeln entscheidend beeinflussen. Einige Aspekte sind rational und realistisch; andere sind eher märchenhafte Phantasien.

Ein Nachdenken über unsere Zukunftsträume kann unsere Phantasie anregen, unsere Entschlußkraft stärken und uns zum Handeln animieren. Träume können uns dazu motivieren, Ziele anzugehen und über uns hinauszuwachsen. Seit Jahrhunderten haben Träume Menschen dazu inspiriert, gegen das Mittelmaß aufzubegehren. Man spricht häufig von unseren Vorfahren, die ein besseres Leben anstrebten, wie beispielsweise die ersten Siedler, die die Grundlagen des ‹Amerikanischen Traums› schufen.[1]

Um Menschen zu verstehen, muß man wissen, wie sie sich ihre Zukunft vorstellen. Träume sind eine Kraft, die uns vorantreibt, sie weisen uns den Weg in die Zukunft und verleihen unserem Leben Dynamik und Spannung.

Der Traum von der großen Liebe

In den Zukunftsträumen eines Menschen spielt der Traum von einer erfüllten Liebesbeziehung eine zentrale Rolle. Auch dieser Traum von der großen Liebe besteht aus bestimmten Bildern und Vorstellungen, die sich zu einem Mosaik zusammenfügen. Dazu gehören auch Szenen aus Liebesromanen, Erinnerungen an wichtige Beziehungen, romantische Schlager und Phantasien von einem Idealpartner. Der Traum von einer idealen Partnerschaft kann uns beflügeln, auf neue Menschen zuzugehen.

Um die mobilisierende Kraft eines solchen Traums von der großen Liebe zu erfahren, müssen wir uns unseres Wunsches nach einer Liebesbeziehung sicher sein und die Beweggründe kennen. Die eigenen Motive zu durchschauen, ist eine wichtige Voraussetzung für eine erfolgreiche und befriedigende Partnerschaft. Kennen wir sie nicht, könnte die Beziehung eines Tages ernstlich gefährdet sein, wenn nämlich die wahren Beweggründe unerwartet zutage treten.

Wir wünschen aus den unterschiedlichsten Gründen eine Partnerschaft: um dem Elternhaus zu entfliehen oder um keine einsamen Nächte mehr erleben zu müssen; um noch ein Kind zu bekommen, bevor es zu spät ist, oder finanziell versorgt zu sein und gepflegt zu werden, wenn man krank ist; um in einer Gesellschaft akzeptiert zu werden, die die Ehe zur Norm erklärt, oder um eine Bezugsperson für die Kinder zu haben; um sich nicht um den Haushalt kümmern zu müssen oder um nicht allein alt zu werden.

Wenn Sie wissen, was Sie wollen, kann Ihr Traum von der großen

Liebe ein Leuchtfeuer am Horizont sein, das Ihnen auch in hoffnungslosen Situationen den Weg weist. Über emotionale Durststrecken hinweg, wenn Sie einfach niemanden kennenlernen oder wenn ständig nur die falschen Partner auftauchen oder wenn Sie ernüchtert feststellen, daß Ihr Partner doch nicht der richtige ist, dann erinnert Sie Ihr Traum an das, was Ihnen wichtig ist und wofür es sich lohnt, weiterzusuchen.

Träume und die persönliche Vergangenheit

Träume können einer momentanen Laune entspringen oder aber aus einem inneren Bedürfnis heraus geboren werden. Die Sehnsucht nach Neuem läßt sie entstehen oder der Wunsch, positive Erfahrungen zu wiederholen. Wir träumen meist dann von einer erfüllten Beziehung, wenn die gegenwärtige Lebenssituation als unbefriedigend empfunden wird.

Die ersten Wunschvorstellungen von zwischenmenschlichen Beziehungen rühren aus der Kindheit und orientieren sich am Beispiel der Eltern. So erinnert sich Ryan noch gut daran, wie seine Eltern abends im Bett zusammen lasen. Er legte sich dann gerne zu ihnen, kuschelte sich an sie und lauschte, während sie über tagespolitische Ereignisse diskutierten oder den neuesten Klatsch austauschten. Diese Erinnerung bedeutet ihm so viel, daß er sich vorgenommen hat, es in seiner Ehe genauso zu machen.

Als Ryan älter wurde, entdeckte er in anderen Beziehungen Qualitäten, die er im Verhältnis seiner Eltern nie erlebt hatte. Zum Beispiel erinnert er sich noch lebhaft an einen Besuch bei Verwandten: «Einmal war ich bei ihnen zum Picknick eingeladen. Ich sehe noch Onkel Bill, wie er auf dem Rasen mit den Kindern spielt, während sich Tante Rosalee auf der Veranda mit den Erwachsenen unterhält. Was mich so beeindruckte, war, wie liebevoll sie sich über den Garten hinweg anschauten.» Aufgrund dieser Erfahrung wünscht sich Ryan eine Beziehung, «in der wir beide verschiedene Dinge tun können, uns aber trotzdem einander nah fühlen». Diese Begebenheit steuerte ein weiteres Mosaiksteinchen zu Ryans Traum von einer Beziehung bei.

Kinder entwickeln ihre Idealvorstellungen von einer Liebesbeziehung auch anhand von erwachsenen Vorbildern außerhalb der Familie. Personen aus dem Sportverein, der Schule, der Pfadfindergruppe, dem Bekanntenkreis der Eltern oder eine andere wichtige Bezugsperson können die Zukunftsträume eines Kindes entscheidend prägen. Donna zum Beispiel erzählt schwärmerisch von der außergewöhnlich herzlichen Beziehung ihrer Nachbarn. «Charlie schenkte Loretta mindestens einmal im Monat Blumen, und sie aßen fast jeden Freitag bei Kerzenlicht zu Abend. Obwohl sie schon seit Jahren verheiratet sind, ist ihre Beziehung noch immer sehr romantisch. So etwas wünsche ich mir auch.»

Donnas Traum nahm konkretere Formen an. Sie kann sich noch daran erinnern, wie sie als Elfjährige an einem Sonntagmorgen bei ihrer Freundin zu Besuch war: «Wir frühstückten mit der ganzen Familie. Ich weiß noch, es gab Pfannkuchen mit Rühreiern und gebratenem Speck und Orangensaft. Dann saßen wir einfach zusammen auf der Veranda, unterhielten uns und warfen Stöckchen für den Hund. Wir saßen bestimmt ein paar Stunden so gemütlich beisammen. Seitdem habe ich immer wieder an dieses Sonntagsfrühstück gedacht. Das ist mein Traum von einer glücklichen Familie.» Für Donna stellen gemeinsame Mahlzeiten in entspannter Atmosphäre einen wichtigen Bestandteil ihres Traummosaiks dar.

Manche Kinder wachsen in schwierigen Familienverhältnissen auf und suchen Trost und Ablenkung in Büchern. Sie lesen Märchen und Geschichten, die sie in eine andere Welt entführen. Dadurch kommen sie mit anderen Lebensformen in Berührung, lernen andere Werte kennen und finden wichtige Vorbilder für ihre Träume von einer erfüllten Beziehung.

Als Teenager erfahren wir durch Gespräche mit Freunden und unsere ersten Verabredungen schließlich mehr über Beziehungen. Wieder wird unser Traummosaik um wesentliche Elemente ergänzt. Robert erinnert sich: «Ich war sechzehn und bis über beide Ohren verliebt. Wir waren beide sicher, daß wir nach der Schule heiraten würden. Wir träumten von einer gemeinsamen Zukunft, stellten uns vor, wo wir wohnen würden, und malten uns aus, wie unser Haus auszusehen hätte. Wir schmiedeten sogar Pläne, wie viele Kinder wir haben wollten und was wir später einmal werden würden. Ich erinnere mich, daß wir uns einmal mit einem älteren Freund unterhielten. Wir erzählten ihm, daß wir uns liebten und später heiraten wollten. Er wettete um zwanzig Dollar, daß wir nicht heiraten würden. Es ärgerte uns, daß er sich seiner so sicher war. Wir waren bereit, keine zwanzig, sondern 40 Dollar darauf zu wetten, daß wir heiraten würden.

Natürlich hatte er recht. Unsere Wege trennten sich. Meine Familie zog in eine andere Stadt. Wir waren fest entschlossen, unsere Liebe am Leben zu erhalten, und schrieben uns regelmäßig lange Briefe. Aber im Laufe der Zeit ließ dieser Enthusiasmus nach. Unsere Gefühle füreinander schliefen schließlich ein, und wir fanden beide einen neuen Partner. Geblieben ist die Erinnerung an unseren gemeinsamen Traum, den wir dann mit einem anderen Menschen verwirklicht haben.»

Wenn Jugendliche erwachsen werden, werden sie mit neuen, ihnen bislang unbekannten Realitäten konfrontiert. Manche hinterfragen ihre früheren Träume, andere nehmen deren Verwirklichung in Angriff. Sie schauen sich um, wägen Alternativen ab und entwickeln Strategien. Ihre Planung wird vielleicht konkreter und pragmatischer, und sie werden sich ihrer Träume bewußter. Falls sie eine Beziehung haben, entscheiden sie sich vielleicht dazu, zusammenzuziehen oder zu heiraten. Vielleicht schieben sie ihre Entscheidung noch auf, oder sie stellen fest, daß der Partner überhaupt nicht in ihre Lebensvorstellung paßt, und beenden die Beziehung.

Wenn die vorhergehende Beziehung einige wichtige Wunschvorstellungen erfüllte, so wird man an eine zukünftige Partnerschaft dieselben Erwartungen stellen. Sara zum Beispiel erinnert sich oft daran, wie geduldig und verständnisvoll ihr ehemaliger Freund war, wie pünktlich er immer zu ihren Verabredungen kam und wie sie sich stundenlang über ihre beruflichen und privaten Zukunftsvorstellungen unterhielten. Diese Erfahrungen waren ihr so wichtig, daß sie sich für eine neue Partnerschaft etwas Ähnliches wünschte. David hatte seine letzte Beziehung als emotional und sexuell befriedigend erlebt. Seine Erinnerungen nährten seinen Traum von einer neuen Partnerin, die ihn auf dieselbe Weise zufriedenstellen sollte.

Übung: Wie sieht Ihre Idealvorstellung aus?

Sie haben bestimmt schon Menschen erlebt, die mit ihren Partnern besonders liebevoll umgingen. Rufen wir uns diese Situationen einmal ins Gedächtnis zurück. Welche Menschen haben Sie so beeindruckt, daß Sie sich vielleicht einen Partner wünschen, der dieselben Eigenschaften besitzt? Kristins Wunschmosaik setzt sich aus Erinnerungen an verschiedene Personen zusammen: an die Eltern einer Freundin, die gemeinsam Tennis spielten, an einen ihrer ersten Freunde, der sicher und selbstbewußt auftrat, einen College-Professor, der viel Humor besaß und immer ein offenes Ohr für sie hatte, und ihren Chef, der mit seiner Frau besonders liebevoll umging. Aus welchen Erinnerungen und Eindrücken setzt sich Ihr Wunschmosaik zusammen?

Welche Personen sind Ihnen noch in deutlicher Erinnerung?

Was hat Sie an diesen Beziehungen besonders beeindruckt?

❑ In der Kindheit
❑ In der Jugend
❑ Als Erwachsene

Nehmen Sie einen Bleistift zur Hand und ein Blatt Papier und schreiben Sie auf, was Ihnen dazu einfällt.

Unser Traum vom idealen Partner setzt sich aus einer Vielzahl von Elementen aus verschiedensten Lebensbereichen zusammen: reale Vorbilder, Filme und Bücher, vergangene Beziehungen und unsere eigenen Sehnsüchte und Phantasievorstellungen. Das, was wir aus unserer Erinnerung und unserer Phantasie auswählen und zu einem Gesamtbild vereinen, mag für andere nicht nachvollziehbar sein, für uns ist dieser Traum jedoch von zentraler Bedeutung und wird vielleicht unser Handeln und unsere Entscheidungen ein ganzes Leben lang maßgeblich beeinflussen.

Rufen Sie sich die Menschen ins Gedächtnis, die Sie besonders beeindruckt haben, und überlegen Sie, ob Sie sich einen ähnlichen Partner oder eine ähnliche Beziehung wünschen. Vergessen Sie die gerade gewonnenen Erkenntnisse nicht, denn sie können Ihnen Aufschluß darüber geben, welche Art von Partnerschaft Sie anstreben.

Die komplexe Struktur Ihrer Idealvorstellung gleicht einem Puzzle; mit jeder Antwort, die Sie finden, wird das Bild von Ihrer Idealbeziehung klarer.

Was erwarten Sie von einer Partnerschaft?

Was sind die typischen Erwartungen an einen Partner? Gibt es Gemeinsamkeiten in unseren Wünschen, die man als universell bezeichnen könnte? Es gibt ein paar neuere Studien, die sich mit diesem Thema befassen. Einer Untersuchung zufolge sind die auf die Frage: «Was erwarte ich von einem Partner?» am häufigsten genannten Eigenschaften Ehrlichkeit, Intelligenz, Humor und Aufgeschlossenheit neuen Ideen gegenüber.[2] Eine andere Studie ergab, daß sich die meisten Menschen jemanden wünschen, der ausgeglichen ist, sich gerne mitteilt, aber auch geruhsame Stunden genießen kann, der eigene Interessen verfolgt, unternehmungslustig ist und sich in der Partnerschaft engagiert.[3] Dies sind die Eigenschaften, die die meisten Menschen auf ihre Wunschliste setzen.

Offenbar bestehen zwischen den Erwartungen von Frauen und Männern Unterschiede. Carol Gilligan an der Harvard-Universität stellte fest, daß Frauen sich in der Regel nach einem Zusammengehörigkeitsgefühl sehnen, während sich Männer im allgemeinen eine Partnerschaft wünschen, die ihnen persönlichen Freiraum läßt.[4]

Auch das Alter spielt bei den Erwartungen von Frauen und Männern eine Rolle. Daniel Levinson, Gail Sheehy und Lois Davitz zufolge verändert sich die Vorstellung der Männer von ihrer Idealfrau mit zunehmendem Alter.[5] Ein Mann um die Zwanzig wünscht sich in der Regel eine attraktive Frau, die ihm bereitwillig zuhört, wenn er von seinen beruflichen Ambitionen erzählt, ohne jedoch allzu viele Ratschläge zu erteilen. Mit 30 hat ein Mann schon eine umfangreichere Wunschliste. Er möchte eine aktive, verständnisvolle Frau, die ihm vertraut, eher eine Partnerin als eine Geliebte, jemanden, mit dem er sich austauschen und interessante Gespräche führen kann und eine Frau, die Kinder liebt. Wenn er die 40 erreicht hat, wünscht er sich eine Partnerin, die sich körperlich fit hält, die neuen Lebensweisen gegenüber aufgeschlossen ist und nicht in einen Alltagstrott verfällt, wie er sich häufig in den mittleren Jahren einstellt. Außerdem soll sie liebevoll, charmant und zärtlich sein. Etwa ab 50 wünscht er sich dann eine Lebensgefährtin, die ihm eine gute Freundin ist und ihm in schwierigen Zeiten zur Seite steht.

Die Erwartungen von Frauen können genauso fest umrissen sein wie die der Männer und sich im Laufe der Jahre ebenso verändern. Um die Zwanzig wünscht sich eine Frau häufig einen intelligenten, tatkräftigen Mann, mit dem sie auch Spaß haben kann. Mit 30 wird sie sich mehr für jemanden interessieren, der sein Berufsleben im Griff hat, der bereit ist, eine dauerhafte Bindung einzugehen und eine Familie zu gründen. Sie wünscht sich in der Regel auch einen Partner, der ein verantwortungsbewußter Vater oder Stiefvater ist und sie auf Händen trägt. Gleichzeitig bevorzugt sie möglicherweise einen Partner, der sie nicht nur auf die Rolle der Hausfrau und Mutter reduziert, sondern ihren Wiedereintritt ins Berufsleben oder eine Ausbildung fördert. Mit 40 möchte sie einen Partner, der offen für neue Impulse und bereit ist, eingefahrene Denk- und Verhaltensweisen zu hinterfragen. Sie wünscht sich einen Gesprächspartner, der auch zuhören kann. Ebenso wie Männer ab 50 sehnen sich auch Frauen nach einem verläßlichen Freund und fürsorglichen Lebensgefährten – jemanden, mit dem sie die schönen Seiten des Lebens genießen und sich neuen Herausforderungen stellen können.

Die folgende Liste berücksichtigt die von Levinson, Sheehy, Davitz und ihren Kollegen aufgezeigten Unterschiede zwischen den Wünschen von Frauen und Männern. Sicher werden Sie einige Ihrer persönlichen Wunschvorstellungen wiederfinden.

Was Frauen und Männer von ihrem Partner erwarten

Die Frau ab 20

❑ wünscht sich einen dynamischen, intelligenten, zielstrebigen Partner, mit dem sie sich auch amüsieren kann.

❑ möchte sich verlieben, heiraten und Kinder bekommen oder die Ehe aufschieben und erst einen Beruf erlernen.

❑ glaubt an ihn und seine Ideale.

❑ ist bereit, ihn bei seinem beruflichen Fortkommen zu unterstützen, und stellt ihre eigenen Interessen zurück.

❑ ist bereit, ihm in allen Lebensfragen mit Rat und Tat zur Seite zu stehen, ihn zu umsorgen, ihm den Weg zu ebnen und, wenn nötig, auch Kritik zu üben.

Der Mann ab 20

❑ wünscht sich eine attraktive Geliebte.

❑ wünscht sich eine fürsorgliche, liebevolle und treue Partnerin.

❑ möchte, daß sie seine Lebensvorstellungen teilt, ihn unterstützt und an ihn glaubt.

❑ wünscht sich Frau und Kinder, für die er sorgen kann, und ein schönes Heim.

❑ strebt beruflichen Erfolg und ein gutes Einkommen an, um ihr alles bieten zu können.

Die Frau ab 30

❑ möchte, daß er sie in Beruf und Ausbildung unterstützt.

❑ wünscht sich einen liebevollen, sensiblen Partner, der sie verwöhnt.

❑ erwartet, daß er sich beruflich etabliert hat und mit ihr ein gemeinsames Leben aufbaut.

❑ will, daß er seine Rolle als Vater oder Stiefvater voll ausfüllt und zu einem intakten Familienleben beiträgt.

❑ erwartet, daß er sich an den häuslichen Pflichten beteiligt und sich mitverantwortlich fühlt.

Der Mann ab 30

❑ wünscht sich eine interessante, einfühlsame Partnerin, die ihm vertraut und mit der er anregende Gespräche führen kann.

❑ möchte, daß sie tatkräftig und aktiv ist.

❑ erwartet, daß sie unabhängig ist und eigene Entscheidungen trifft.

❑ wünscht sich eine treusorgende Mutter, die sich um Haushalt und Kinder kümmert.

Die Frau ab 40

❑ erwartet, daß er eingefahrene Verhaltens- und Denkmuster über Bord wirft und neue Lebensweisen ausprobiert.

❑ wünscht sich eine reife Persönlichkeit, die innerlich jung geblieben ist, gerne Gespräche führt und auch zuhören kann.

❑ sehnt sich nach einem leidenschaftlichen, zärtlichen Liebhaber.

❑ wünscht sich einen verläßlichen Freund und fürsorglichen Partner.

❑ möchte, daß er die Herausforderungen des Lebens freudig annimmt, ihre Interessen teilt und auch geruhsame Stunden mit ihr verbringt.

❑ will, daß er voller Elan und Ideen in die Zukunft blickt.

Der Mann ab 40

❑ wünscht sich eine verständnisvolle Partnerin, die ihm in Krisenzeiten und veränderten Lebenssituationen zur Seite steht.

❑ will, daß sie sich jung und fit hält.

❑ möchte, daß sie liebevoll, zärtlich und einfühlsam ist.

❑ wünscht sich, daß sie Charme besitzt und ihm intellektuell ebenbürtig ist.

❑ erwartet, daß sie bereit ist, die eingefahrenen Gleise des Alltagslebens zu verlassen, und Neues ausprobiert.

❑ sehnt sich nach einem «Freund» und einer Partnerin, die in schweren Zeiten zu ihm hält.

Obwohl natürlich jeder von uns ganz individuelle Vorstellungen von der Persönlichkeit des Idealpartners hat, neigen wir doch zu ähnlichen Erwartungen. Diese Liste soll Ihnen helfen, sich über Ihre eigenen Wunschvorstellungen klarzuwerden und zu erkennen, wie diese sich im Laufe der Zeit verändern können.

Wenn Sie sich die Wunschliste ansehen, werden Ihnen möglicherweise auch die Vorstellungen anderer Altersgruppen zusagen. Karen, eine Frau um die 30, ging es zum Beispiel so: Sie hatte eine kurze, aber ziemlich typische Wunschliste: «Ich möchte einen ehrlichen Mann, der da ist, wenn man ihn braucht. Ich möchte aber auch, daß er interessant, liebevoll, aufmerksam und verantwortungsbewußt ist und meine berufliche Entwicklung unterstützt. Außerdem sollte er eine einflußreiche, angesehene Stellung haben und gut verdienen. Ich weiß, das sind hohe Ansprüche, und ich weiß nicht, ob ich so einen Mann je finde, aber so schnell gebe ich nicht auf.» Zum Teil stimmen Karens Erwartungen mit dem überein, was sich die meisten von uns in einer Partnerschaft wünschen, zum Teil sind es auch ihre ganz individuellen Wunschvorstellungen.

Wie sieht Ihre Wunschliste aus?

Sicher ist es interessant, einmal zu erfahren, wie eine typische Wunschliste aussieht, aber jeder von uns ist ein Individuum und hat seine ganz eigenen Wünsche und Bedürfnisse. Bestimmt decken sich Ihre Vorstellungen bis zu einem gewissen Grad mit denen anderer Menschen, und doch legen Sie auf ganz spezielle Eigenschaften Wert; Ihre Liste wird also ganz persönliche Merkmale aufweisen.

Sie werden wahrscheinlich Charaktereigenschaften bevorzugen, die anderen unwichtig sind, genauso wie andere Menschen sich in Situationen wohl fühlen, die Sie unerträglich finden. Manch einer genießt es, mit einem Partner zu leben, der häufig geschäftlich unterwegs ist, wohingegen Ihnen diese Art zu leben vielleicht auf die Nerven ginge. Sie mögen vielleicht einen Partner, der gelegentlich ein Glas trinkt; jemand anderes wiederum findet es widerlich. Während manche froh darüber sind, wenn ihr Partner sich nicht sonderlich für Sex interessiert, empfänden Sie dies als Anzeichen von Desinteresse und als unzumutbar. Möglicherweise sind Sie auf der Suche nach einem Partner, der auch keine Kinder haben will – oder aber, im Gegenteil, Sie wünschen sich eine große Familie.

Sie können in Ihre Wunschliste auch Charakterzüge und Verhaltensweisen aufnehmen, die Ihr Partner auf keinen Fall haben sollte. Vielleicht suchen Sie jemanden, der sich grundsätzlich nicht streitet, der nicht raucht, nicht tratscht, der keine dicken Oberschenkel hat und keine Brille trägt. Ein anderer wiederum legt Wert darauf, daß sein zukünftiger Partner nicht flucht oder herumnörgelt, daß er nicht so behaart ist, nicht schnarcht oder schlampig ist oder nicht zu schnell fährt.

Übung: Wunschliste

Nehmen Sie sich ein paar Minuten Zeit, überlegen Sie, und schreiben Sie dann auf einen Zettel, was Ihnen an Ihrem Idealpartner wichtig bzw. unwichtig ist.

Nun setzen Sie ein Plus hinter die Eigenschaften, auf die Sie Wert legen, und ein Minus hinter die, die eher nebensächlich sind. Erstellen Sie eine neue Liste, wobei Sie die Wesenszüge entsprechend ihrer Priorität ordnen.

Je präziser und klarer Sie Ihre Wünsche formulieren können, desto eher besteht die Möglichkeit, sie zu erfüllen – jedenfalls dann, wenn sich Ihre Vorstellungen im Rahmen halten und Sie nichts Unmögliches fordern. Sind Ihre Erwartungen zu anspruchsvoll, wird sich die Partnersuche als wenig hoffnungsvolles Unterfangen erweisen. Sind Sie jedoch flexibel, haben Sie gute Aussichten, den richtigen Partner oder die richtige Partnerin zu finden und auch bei ihm oder bei ihr zu bleiben.

Wird sich mein Traum erfüllen?

Zweifeln Sie manchmal daran, daß Ihr Traum je in Erfüllung geht? Zweifel sind etwas durchaus Natürliches. Manche Menschen zweifeln an ihrer Fähigkeit, den richtigen Partner anzuziehen, und befürchten, auf den Falschen zu treffen und sich ein Leben lang abzumühen, um das Beste aus der Situation zu machen. Sie haben Angst davor, allein zu sein, und wollen gleichzeitig die Hoffnung nicht aufgeben, jemals den Mann oder die Frau ihres Lebens zu finden. Also vergraben sie ihre Träume ganz tief in ihrem Innern, bis der richtige Partner auftaucht, dem sie dann ihr Herz öffnen können.

Manch einer lebt in einer solchen emotionalen Leere, daß sich die Gedanken mehr auf den bloßen täglichen Lebenskampf konzentrieren als auf die Möglichkeiten, die die Zukunft in sich birgt. Wenn man abgewiesen oder vernachlässigt, ausgeschlossen oder demoralisiert wird, dann meint man leicht, daß das Gute keine Chance hat. Wer Schweres durchgemacht hat, glaubt oft, daß ‹Träumer› naiv sind. Diese Menschen können sich die Erfüllung eines Traums nur als harte Arbeit vorstellen, wenn sie diese Möglichkeit nicht schon grundsätzlich für sich aufgegeben haben. Sie betrachten das Leben als etwas, worauf man keinen Einfluß nehmen kann, und resignieren schließlich oder verbittern, weil sie nie das bekommen, was sie sich erträumen.

Andere fragen sich, ob der ideale Partner überhaupt existiert. Sie sind davon überzeugt, daß sich die Suche nach dem oder der ‹Richtigen› als ebenso müßig erweist wie das Streben nach Perfektion, weil eben kein Mensch perfekt ist. Wieder andere meinen, diese Suche sei reine Zeitverschwendung. Vielleicht halten Sie es für einen romantischen Spleen, ein Leben lang auf den Traumprinzen zu warten, der Sie aus Ihrem Dornröschenschlaf wachküßt und Sie in den siebten Himmel entführt. Oder vielleicht denken Sie, daß man mit fast jedem Menschen zusammenleben kann, wenn man sich nur Mühe gibt.

Übung: Die eigenen Fragen und Zweifel erkennen

Welche Zweifel stellen sich ein, wenn Sie über Ihren Traummann oder Ihre Traumfrau nachdenken? Haben Sie sich schon einmal folgende Fragen gestellt:

❏ Werde ich je den richtigen Partner finden?
❏ Werde ich meinen Traumpartner/meine Traumpartnerin erkennen, wenn er/sie mir zufällig über den Weg läuft?
❏ Ist es vielleicht jemand, den/die ich schon jahrelang kenne und nur nicht genug beachtet habe, oder treffe ich ihn oder sie ganz unverhofft?
❏ Wie lange muß ich noch warten? Habe ich meine Chance etwa schon vertan?
❏ Habe ich mir in der Vergangenheit den Mann oder die Frau meiner Träume durch die Finger schlüpfen lassen?
❏ Werde ich die richtige Wahl treffen oder auf jemanden hereinfallen und in einer unglücklichen Beziehung enden?

Notieren Sie jetzt in Stichpunkten Ihre Fragen und Zweifel.

Es ist wichtig, Fragen zu stellen und Zweifel zuzulassen. Jemand, der Fragen aufwirft, sucht auch nach Antworten, und dieses Forschen ist eine gute Vorbereitung auf eine erfüllte Beziehung. Zweifel lassen uns auf der Hut sein und bewahren uns davor, uns zu schnell unserer selbst sicher zu sein; Zweifel können uns dazu bewegen, mehr Energie auf die Umsetzung der eigenen Träume zu verwenden und dabei planvoller vorzugehen. Durch Fragen und Zweifel entdecken Sie vielleicht erst, daß es möglich ist, den Traumpartner zu finden.

Wenn Träume wie Seifenblasen platzen

Löst sich ein Traum plötzlich in Luft auf und muß man seine Hoffnungen begraben, verfällt man leicht in Depressionen. Das Leben erscheint plötzlich sinnlos. Stirbt der geliebte Mensch oder unsere

Liebe zu ihm, weil wir von seiner Untreue erfahren, sind wir in unseren Grundfesten erschüttert. Im ersten Fall ist der Schmerz unerträglich. Der Verlust des Partners hinterläßt eine tiefe Wunde. Die sich einstellende Leere empfindet man als unverwindbar. Die Trauer kann den Wunsch ersticken, es jemals wieder mit einem anderen Partner zu versuchen. Der Seitensprung des Partners ruft ohnmächtige Wut hervor und das Gefühl, betrogen worden zu sein. Menschen, die diese Erfahrung gemacht haben, sagen oft, daß sie den Glauben an die Treue für immer verloren haben. Sie fragen sich häufig, ob es überhaupt klug ist, jemanden zu lieben und ihm zu vertrauen.

Wenn wir den Schmerz über den Verlust eines geliebten Menschen nicht zulassen, so verbieten wir uns auch, Hoffnungen in die Zukunft zu setzen. Es fällt schwer, die alltäglichen Probleme zu bewältigen. Lustlosigkeit, Depressionen und Apathie stellen sich ein. Wir funktionieren zwar im Alltag, jedoch ohne uns emotional zu engagieren. In dieser Situation mögen wir um Erklärungen oder Ausreden nicht verlegen sein, warum wir aus unserem Leben nichts machen, doch oft dienen diese nur als Schutzbehauptungen, um unsere Einsamkeit zu kaschieren.

Wir alle durchleben eine Phase der Niedergeschlagenheit, wenn eine Beziehung zu Ende gegangen ist. Aber danach gelingt es den meisten von uns, sich wieder aufzuraffen und neuen Mut zu schöpfen. Einige Menschen schaffen es jedoch nicht. Sie verharren in jahrelanger Erstarrung. Ohne einen Traum oder ein Ziel vor Augen zu haben, verliert das Leben jeglichen Sinn und Zweck.

Natürlich ist es unmöglich, schmerzliche Erinnerungen einfach auszulöschen, wohl aber kann man den Schmerz lindern, indem man seine Trauer zuläßt. Ein altes chinesisches Sprichwort – frei übersetzt – besagt: «Man kann nicht von Punkt A zu Punkt B gelangen, bevor man nicht bereit ist, Punkt A zu verlassen.» Man muß sich zuerst von den schmerzvollen Erinnerungen lösen, um sein Leben weiterleben zu können. Die Wunde muß verheilen. Wenn Sie feststellen, daß Sie zu einer Genesung allein nicht imstande sind, brauchen Sie Hilfe und sollten eine Therapie in Erwägung ziehen.

Vergessen Sie nicht, daß Menschen trotz ihrer Einsamkeit und selbst unter widrigsten Umständen Träume haben können. Viktor Frankl, ehemaliger Gefangener in einem Konzentrationslager der

Nationalsozialisten und Begründer der Logotherapie, beschreibt den eisernen Willen, der selbst in hoffnungslos erscheinenden Situationen dem Leben einen Sinn abzugewinnen vermag. Unabhängig von der jeweiligen Lage, hat jeder Mensch die Wahl, das Leben zu bejahen oder zu verneinen, zu kämpfen oder zu resignieren. Dies nennt man die «Widerstandskraft des menschlichen Geistes», was bedeutet, daß jeder von uns die Fähigkeit besitzt, gegen sein Schicksal aufzubegehren, ganz gleich in welcher Situation er sich befindet oder welche biologischen, psychologischen oder soziologischen Voraussetzungen er mitbringt. Frankl betont die Notwendigkeit, sich seinem Schicksal ohne Zaudern zu stellen und seine Träume mit Entschlossenheit weiterzuverfolgen.[6]

Träume beeinflussen Entscheidungen

Wenn wir wissen, was wir wollen, fällt es leichter, Entscheidungen bewußt zu fällen. Jeder von uns kann lernen, eine Entscheidung allein nach dem Kriterium zu treffen, ob sie uns unserem Traum näher bringt oder nicht. Wenn es Ihr Ziel ist, einen guten Tänzer kennenzulernen, werden Sie möglicherweise nicht zögern, Energie und Zeit aufzuwenden, um selbst perfekt tanzen zu lernen. Falls Sie von einer dauerhaften Partnerschaft träumen, entscheiden Sie sich vielleicht dazu, eine Beziehung aufrechtzuerhalten, obwohl Sie gerade eine schwierige Phase durchmachen.

Auf seinen Zukunftstraum angesprochen, meinte Jason: «Ich glaube, daß ein Traum, der mir wichtig ist, sich auch erfüllt. Aber ich weiß auch, daß ich realistisch sein muß. Früher erlebte ich oft Rückschläge, weil ich mich für die falsche Partnerin entschieden hatte. Jetzt habe ich erkannt, daß nur weil eine Beziehung nicht geklappt hat, deshalb die nächste nicht auch gleich schiefgehen muß. Ich muß nur daran arbeiten und etwas dafür tun.»

Menschen treffen unterschiedliche Entscheidungen, um ihren Traum zu verwirklichen. Manche zögern, andere wagen den Sprung ins kalte Wasser. So war es auch bei Dean und Joanne. Von Anfang an wußten sie, daß sie eines Tages heiraten würden. Sie waren sich auch sicher, daß sie ein Haus bauen und Kinder bekommen würden.

Sie planten ihr gemeinsames Leben und hielten sich genau an ihren Plan. Aber wie viele Menschen kennen Sie, die ihre Ziele so konsequent verfolgen? Wahrscheinlich nur wenige.

Viele Menschen neigen dazu, die Dinge so zu nehmen, wie sie sind. Sie wissen nicht, was sie mit ihrem Leben anfangen sollen. Sowohl beruflich als auch im Privatleben experimentieren sie, schlittern von einer Beziehung in die nächste, sind stets auf der Suche und glauben, wenn sie Glück haben, werden sie eines Tages bekommen, was sie sich erträumen. Sie fürchten, vereinnahmt zu werden, wenn sie sich festlegen und den Erwartungen des Partners anpassen. Sie wissen, was sie nicht wollen, sind sich aber im unklaren darüber, was sie eigentlich wollen. Deshalb haben sie nur gelernt zu reagieren und verstehen es nicht, selbst aktiv zu werden, um ihre Bedürfnisse zu befriedigen. Andere wiederum verhalten sich abwartend, sind zwar bereit, etwas zu unternehmen, brauchen jedoch einen Anstoß. Voller guter Absicht und mit gelegentlichen Anflügen von Begeisterung harren sie der Dinge.

Und wieder andere entschließen sich dazu, sich auf überhaupt keine Beziehung einzulassen. Sie haben Angst, die Kontrolle zu verlieren, den Ansprüchen des anderen nicht zu genügen, eine falsche Wahl zu treffen oder abgelehnt zu werden. Sie halten sich die Risiken und nicht ihr Glück vor Augen. Sie müssen ihre Energien sinnvoll einsetzen, das heißt, auf ein Lebensziel richten, das ihnen realisierbar erscheint.

Wenn Sie das Gefühl haben, festgefahren zu leben, und Ihre Energien in neue Bahnen leiten wollen, dann überdenken Sie zunächst einmal Ihren Traum und entscheiden Sie dann, was zu tun ist. Indem Sie über Ihre Träume nachdenken, werden Sie feststellen, daß sich neue Perspektiven eröffnen. Indem Sie Ihre Gedanken ordnen, werden Sie erkennen, welche Entscheidungen anstehen.

Übung: Gibt es etwas, was mich lähmt?

Lehnen Sie sich zurück, und schließen Sie die Augen. Stellen Sie sich vor, Sie sind in der Natur, an Ihrem Lieblingsort. Sie sind von angenehmen Geräuschen und Gerüchen umgeben. Sie hören die Vögel zwitschern, den Wind rauschen; Sie riechen den Duft der

Bäume und das frisch gemähte Gras. Während Sie sich entspannen, versuchen Sie zu ergründen, was für Sie eine erfüllte Beziehung bedeutet.

Nun fragen Sie sich: «Warum habe ich zur Zeit keine befriedigende Beziehung? Was hemmt mich?» Schreiben Sie Ihre Antworten auf.

Manche Menschen fühlen sich, kurz bevor sie aus ihren gewohnten Denkweisen ausbrechen, in einer Sackgasse und sind besonders frustriert. Keiner von uns sehnt eine Krisensituation herbei, und doch sind es gerade jene düsteren Momente, in denen wir anfangen, Fragen zu stellen, und auch Antworten finden. Genauso wie ein Pflänzchen sich aus dem Dunkel der Erde nach der Sonne reckt, werden Träume manchmal aus großer Frustration heraus geboren.

Träume in die Tat umsetzen

Träume gehen selten in Erfüllung, wenn man nicht bereit ist, etwas dafür zu tun. Träumen ist leicht. Träume in die Realität umzusetzen hingegen fällt schon schwerer und verlangt enormes Durchhaltevermögen. Es erfordert Willenskraft, jeden Morgen dem Tag frohgemut ins Auge zu sehen und der Realisierung des eigenen Traums wieder ein Stückchen näher zu kommen. Man muß sich darüber im klaren sein, daß sich manche Träume erfüllen und andere nicht. Zerschlagen sie sich, so braucht man Zeit, um frischen Mut zu schöpfen und eine neue Einstellung zu gewinnen. Vielleicht haben Sie schon die eine oder andere unglückliche Beziehung hinter sich. In diesem Fall müssen Sie sich und anderen sagen: «Ich werde mich nicht unterkriegen lassen. Ich werde das tun, was ich mir vorgenommen habe, selbst wenn es mehr Energie und Zeit kostet, als ich gedacht habe.» Dies ist keine leichte Aufgabe, und es ist mit ein Grund, warum manche Menschen lieber allein bleiben oder sich mit weniger zufriedengeben, als ihnen zusteht. Sie müssen zielstrebig und entschlossen Ihren Weg verfolgen, um die Person kennenzulernen, die für Sie die richtige ist.

Um sich auf diese entscheidende Begegnung vorzubereiten, sollten Sie sich in Ruhe mit Ihrem persönlichen Traum beschäftigen und ihn wiederaufleben lassen. Viele Menschen kommen auf neue Ideen, wenn sie sich entspannen, etwas spielen oder auch zwischen zwei Erledigungen, wenn sie ihren Gedanken freien Lauf lassen können. In diesen Augenblicken sind sie oft kreativ, erkennen klar ihre gegenwärtige Situation und die Möglichkeiten, die die Zukunft ihnen bietet, und entdecken Lösungen für altbekannte Probleme. Sie merken, daß der Traum von einer besseren Zukunft emotionale Energien freisetzt, ihnen neue Hoffnung gibt und ihre Entschlußkraft mobilisiert. Dies mag auch Ihnen so ergehen, wenn Sie sich entschließen, nicht länger Vergangenem nachzutrauern, und sich zugestehen, einen neuen Traum zu entwerfen. Indem Sie sich auf Ihren Traum vom richtigen Partner einlassen, machen Sie den ersten Schritt zu seiner Verwirklichung.

2 Unsere Einstellung zur Liebe

«Ich halte nichts davon, gleich beim ersten Mal mit jemandem ins Bett zu hüpfen. Und ich werde diese Einstellung auch niemandem zuliebe ändern.»

«Mein erster Mann hat mich ständig kritisiert. Nach der Scheidung stand deshalb für mich fest, daß ich mich nie wieder auf so einen Mann einlassen würde. Ich suche jemanden, der aufgeschlossen ist und mich so akzeptiert, wie ich bin.»

«Ich weiß noch, daß ich mir schon als Teenager vornahm, nicht eher zu heiraten, bis ich mindestens 28 Jahre alt sein würde, und mir Zeit zu lassen, den richtigen Partner zu finden. Ich bin heilfroh, daß ich mich in Ruhe umschauen konnte und mich nicht zu schnell gebunden habe. Für mich war es das Richtige, und ich glaube, daß es für andere auch gut wäre, nicht so früh zu heiraten.»

«Jedesmal, wenn ich mich ernsthaft auf eine Beziehung einlasse, läuft etwas schief. Wie finde ich heraus, was ich falsch mache, damit mir das nicht immer wieder passiert?»

«Mein Freund will nicht, daß ich berufstätig bin, wenn wir verheiratet sind. Wie kann ich ihn davon abbringen, ohne ihn zu verlieren?»

Die meisten Menschen haben eine feste Vorstellung davon, wie eine Partnerschaft auszusehen hat, noch bevor sie ihrem zukünftigen Partner überhaupt begegnet sind. Wenn sie dann mit Umständen konfrontiert werden, die nicht genau ihren Erwartungen entsprechen, halten sie trotzdem hartnäckig daran fest, auch wenn sie auf diese Weise nie das bekommen werden, was sie sich wünschen. Andere wiederum erkennen, daß sie ihre Vorstellungen neu überdenken und vielleicht abändern oder gar ganz über Bord werfen müssen, wenn sie sie daran hindern, ihre Ziele zu erreichen.

Diese festen Vorstellungen, Überzeugungen und Erwartungen wollen wir als ‹innere› bzw. ‹Grundeinstellungen› definieren. Unsere Grundeinstellungen bestimmen maßgeblich unser Denken, Fühlen und Handeln.[7] Sie werden durch Erfahrungen gebildet, dienen uns als Richtschnur und Orientierungshilfe und geben uns eine gewisse Sicherheit. Sie werden zu Denk-Gewohnheiten, die es uns ersparen, unsere Erfahrungen jedesmal neu zu verarbeiten. Das heißt, wir sind versucht, uns mehr auf unsere Grundeinstellungen zu verlassen als auf unsere Fähigkeit, neue Situationen einzuordnen. Folglich üben sie einen großen Einfluß darauf aus, wie wir andere Menschen wahrnehmen und wie wir uns ihnen gegenüber verhalten. Wir haben zu allen Aspekten des Lebens eine bestimmte innere Einstellung, so auch zur Liebe.

In diesem Kapitel befassen wir uns mit der Entstehung von Grundeinstellungen und mit den Auswirkungen, die sie auf all unsere zukünftigen Liebesbeziehungen haben können. Wir werden Ihnen Wege aufzeigen, Ihre Einstellungen zur Liebe zu erkennen und diejenigen, die Ihrer Partnersuche im Wege stehen, gegebenenfalls zu verändern.

Noch bevor wir unseren zukünftigen Partner kennenlernen, haben wir bereits feste Vorstellungen davon, was wir in einer Partnerschaft wünschen und was nicht. Diese Grundhaltung bestimmt unser Verhalten Bekannten, Freunden oder Partnern gegenüber.

Unsere Einstellungen zur Liebe können die Partnersuche erleichtern oder beeinträchtigen. Eine hilfreiche Grundeinstellung könnte beispielsweise lauten: «Ich bin interessant, und die meisten Menschen, die mich kennenlernen, finden mich sympathisch.» Eine hinderliche Grundeinstellung wäre: «Ich kann keine dauerhaften Beziehungen aufbauen. Ich weiß nicht, wie ich mich anderen Menschen öffnen soll.»

Zukunftsträume entspringen ganz speziellen Einstellungen. Manchmal stimmen Zukunftstraum und Grundeinstellung überein, manchmal nicht. Eine Frau mag beispielsweise den *Traum* haben, den richtigen Partner zu finden, aber gleichzeitig eine Grundeinstellung, die diesem Traum zuwiderläuft. Sie denkt vielleicht, daß sie zu alt ist, um sich noch einmal zu verlieben, oder daß es zu anstrengend ist, noch einmal eine Beziehung aufzubauen. Die Widersprüche zwischen Traum und Grundeinstellung sind häufig die Ursache für ambivalentes Verhalten und Gefühlsschwankungen innerhalb der Partnerschaft.

Wenn unsere Grundeinstellungen positiv und realistisch sind, erleichtern sie uns das Leben. Sie lenken unser Handeln in erfolgversprechende Bahnen. Sind sie negativ und unrealistisch, können sie uns den Blick auf andere, realistische Möglichkeiten verstellen. Manche Menschen sind sich ihrer Einstellungen gar nicht bewußt. Sie sehen nur, daß sich etwas nicht ihren Wünschen gemäß entwickelt. Andere erkennen sehr wohl, daß ihnen ihre Einstellungen im Wege stehen, wissen aber nicht, wie sie sie ändern können. Negative Grundeinstellungen können verändert oder ganz abgelegt werden. Doch zuerst muß man sie sich bewußt machen und ihren Ursachen auf den Grund gehen.

Wie unsere Einstellung zu Liebe und Partnerschaft entsteht

In der Kindheit entwickeln wir Vorstellungen von unserer persönlichen Identität, von der anderer Menschen und vom Leben im allgemeinen. Kindliche Einstellungen zur Liebe werden vom Familienleben geprägt, vor allem vom Beispiel der Eltern. Ihr Verhalten, ihre Ratschläge und Meinungen, ihre Erwartungen und sogar ihre Konflikte formen die Vorstellungen des Kindes.[8]

Eltern können ein gutes oder schlechtes Beispiel geben – meistens von beidem etwas. Wenn ihre Ehe harmonisch verläuft, wenn sie sich miteinander wohl fühlen und sich fair verhalten, wird dies als Vorbild für das eigene, spätere Verhalten in einer Liebesbeziehung dienen.

Wenn die Eltern allerdings offen Konflikte und Machtkämpfe austragen, wenn sie distanziert und gleichgültig sind oder zu beschäftigt sind, um sich zu engagieren, oder wenn sie sich gar trennen, so besteht die Gefahr, daß Kinder diese negativen Verhaltensmuster später in ihren eigenen Beziehungen wiederholen. Möglicherweise gehen sie erst gar keine dauerhaften Beziehungen ein, weil sie nicht an die Beständigkeit einer Partnerschaft glauben können. Oder sie ziehen die entgegengesetzte Konsequenz und beschließen, sich niemals wie ihre Eltern scheiden zu lassen, und klammern sich an ihre Partner, egal ob sie glücklich sind oder nicht. Andere wiederum setzen sich für die Beziehung ein und sind bereit, an ihrem Erfolg zu arbeiten.

Das Verhalten der Eltern zu beobachten, ist nicht der einzige Weg, auf dem wir zu unseren Grundeinstellungen gelangen. Unsere Eltern sprechen mit uns, vor allem erteilen sie Ratschläge und vermitteln uns die Richtlinien für unser Handeln und Verhalten, die ihnen richtig erscheinen. Manche sind sinnvoll und nützlich, andere nicht. Ein Junge mag davon profitieren, wenn man zu ihm sagt: «Wenn du groß bist, such dir eine Frau, die so tatkräftig und liebevoll ist wie deine Mutter.» Dies vermittelt dem Kind eine positive und konstruktive Einstellung. Andere Ratschläge können sich allerdings sehr destruktiv auswirken. Ein Mädchen, das ständig von seiner Mutter gewarnt wird: «Trau keinem Mann», wird vielleicht nie ein vertrauensvolles Verhältnis zu einem Mann aufbauen können. Dieser Rat wird ihre späteren Liebesbeziehungen sicher beeinträchtigen.

Eltern üben einen enormen Einfluß auf die Einstellungen und Verhaltensweisen ihrer Kinder aus – aber man kann sie nicht für alles verantwortlich machen. Kinder entwickeln in der Schulzeit ganz unabhängig davon eigene Vorstellungen.

Einflüsse aus der Schulzeit

Neben den Eltern prägen auch Lehrer, Gleichaltrige, Lektüre und die Erfahrungen in der Schule die Einstellungen eines Kindes zur Liebe. Ein Kind zum Beispiel, das viele Schulfreunde hat und auf diese Weise lernt, ganz ungezwungen mit dem anderen Geschlecht umzugehen, wird höchstwahrscheinlich auch als Erwachsener gerne auf Parties gehen und an sozialen Aktivitäten teilnehmen, die Gelegenheit bieten, jemanden kennenzulernen. Andererseits wird ein Kind, das bei seinen Schulkameraden auf Gleichgültigkeit oder

Ablehnung stößt, sich später aus Angst vor erneuter Zurückweisung scheu in sich zurückziehen und sich ungern Situationen aussetzen, wo er oder sie mögliche Partner kennenlernen könnte.

Außer den Einstellungen zur Liebe entwickeln Kinder in der Schulzeit auch Vorstellungen von ihrer Intelligenz, ihrem Sozialverhalten und ihrer Attraktivität, die sich beispielsweise an den Kommentaren ihrer Lehrer und Mitschüler festmachen können. Auch als Erwachsene können sie immer noch unter deren Einschätzung leiden. Ein Junge zum Beispiel, der in der Schule wegen seines schlechten Deutsch aufgezogen wurde, wird sich als Erwachsener vielleicht beim ersten Rendezvous wie gelähmt fühlen. Er kann keinen klaren Gedanken fassen oder bringt keinen Ton heraus oder fängt an zu stottern. Oder stellen wir uns ein Mädchen vor, das schon früh einen relativ großen Busen entwickelt hat, das sich deswegen schämt, weite Blusen trägt und die Schultern nach vorne zieht, um sie zu verbergen. Sie ist wahrscheinlich davon überzeugt, daß ihr Körper häßlich ist, und wird als Erwachsene Probleme damit haben, sexuelle Berührungen zu genießen.

Auch einschneidende Veränderungen wie ein Schulwechsel mitten im Schuljahr können das Selbstwertgefühl eines Kindes nachhaltig beeinflussen. Gerade Kinder, die in der Nachbarschaft viele Freunde hatten, fühlen sich dann entwurzelt, tun sich schwer, neue Freunde zu finden, und empfinden sich als Außenseiter. Das Gefühl, nicht dazuzugehören, anders zu sein, kann sie bis über die Studienzeit hinaus verfolgen und wird vor allem dann auftreten, wenn sie sich in neue Kreise integrieren müssen. Genauso können Kinder in der fremden Umgebung einen neuen Freundeskreis finden, in dem sie sich sofort wohl fühlen. Dieses soziale Erfolgserlebnis steigert gewöhnlich das Selbstvertrauen und übt unter Umständen auf die ganze weitere Entwicklung einen positiven Einfluß aus.

Kim zum Beispiel mußte als Kind mindestens einmal im Jahr umziehen. Als Folge daraus fühlte sie sich allein und glaubte, daß sie nie richtige Freunde finden oder irgendwo dazugehören würde. Als sie elf war, entschlossen sich die Eltern schließlich, an einem Ort, der ihnen gefiel, zu bleiben. Zum erstenmal in ihrem Leben konnte sich Kim in einer Klasse einleben und Freundschaften knüpfen. Diese Erfahrungen halfen ihr, ihre innere Einstellung zu verändern. Jetzt, im Alter von 21 Jahren, sagt sie: «Ich muß mich nicht mehr einsam fühlen; ich kann tiefe und dauerhafte Freundschaften mit Menschen, die mich schätzen, aufbauen.»

Glücklicherweise haben die ersten Schuljahre den meisten von uns sowohl angenehme als auch unangenehme Erfahrungen, schwere als auch unbeschwerte Zeiten gebracht. Die Vorstellungen, die wir in dieser Zeit entwickelt haben, können sich in den nachfolgenden Jahren weiter verfestigen oder auch verändern.

Die ersten Verabredungen – der erste Schwarm

Als Jugendliche verfügen wir über eine vorläufige Einstellung zu Liebe und Partnerschaft. Doch die Erfahrungen, die wir jetzt machen, können sie ganz erheblich beeinflussen. Unser Beliebtheitsgrad, unsere ersten Verabredungen, unser Äußeres, unsere soziale oder nationale Herkunft, unsere schulischen Leistungen, unsere körperliche Entwicklung, die erste Liebe – das alles bewegt uns tief und stellt uns täglich vor neue Herausforderungen. Diese Herausforderungen können bisherige Einstellungen ins Wanken bringen und uns anregen, sie durch neue zu ersetzen.

Viele Jugendliche nehmen das Leben und die Liebe sehr ernst. Ihre ersten Verabredungen bieten ihnen Gelegenheit, sich neu zu erfahren, zu lernen, sich in verschiedenen sozialen Situationen zurechtzufinden und ihre Identität als Heranwachsende zu erproben. Diese Erfahrungen sind für das Selbstwertgefühl und die Selbsteinschätzung fast aller Menschen grundlegend.

Eileen war eine Einserkandidatin und mußte feststellen, daß sich die meisten Jungen nicht für intelligente Mädchen interessierten. Sie schienen Mädchen zu bevorzugen, die sexy und amüsant waren. Sie fand schnell heraus, daß Beliebtheit wichtiger war als ein gutes Zeugnis, und begann, sich im Unterricht dumm zu stellen und mit den Jungen herumzualbern. Während sich zwar jetzt immer mehr Jungen mit ihr verabredeten, wurden ihre Noten immer schlechter. Schließlich entdeckte sie eines Tages, daß sie als kleines Dummchen bei Jungen zwar ankam – aber nicht unbedingt bei denen, die ihr

gefielen. Sie beschloß, ihre geistigen Fähigkeiten nicht länger zu verleugnen und nach einem Jungen Ausschau zu halten, dem sie so
gefiel, wie sie war.

Während der Pubertät durchleben Jugendliche enorme körperliche und seelische Veränderungen und gelangen dabei zu wichtigen
Selbsteinschätzungen. Joel wurde wegen seiner Akne gehänselt. Er
war davon überzeugt, daß Frauen ihn wegen seines vernarbten und
häßlichen Gesichts nicht küssen würden. Selbst nachdem seine
Hautprobleme abgeklungen waren, hatte er immer noch Schwierigkeiten, auf Frauen zuzugehen.

Jugendliche sind neugierig auf das andere Geschlecht, und viele
können es kaum abwarten, sich zum erstenmal zu verlieben. Die
erste Liebe hinterläßt oft nachhaltige Eindrücke, und manch einer
vergißt seine erste Schulliebe sein Leben lang nicht.

Wenn die erste Erfahrung positiv verläuft, lernen Jugendliche das
Verliebtsein als echte Bereicherung in ihrem Leben kennen. Wenn
die erste Erfahrung schmerzvoll und enttäuschend ist, wird sie oder
er entweder schnell darüber hinwegkommen und nach einer neuen
Liebe Ausschau halten oder aber sich mit neuen Bekanntschaften
zurückhalten. Selbst eine positive Erfahrung kann von verschiedenen Menschen unterschiedlich verarbeitet werden.

Jugendliche, die beispielsweise lange Zeit mit einem Menschen
befreundet sind, lernen frühzeitig, mit den Höhen und Tiefen einer
Freundschaft umzugehen und entwickeln häufig die Einstellung,
daß eine dauerhafte Beziehung möglich und lohnenswert ist. Mit
dieser Erfahrung ist jedoch auch eine gegenteilige Reaktion denk-
bar: Möglicherweise entsteht das Gefühl, eine Menge versäumt zu
haben. Dann liegt der Schluß nahe, daß es sich nicht lohnt, eine enge
Beziehung einzugehen.

Eine wichtige Entscheidung, die Jugendliche treffen, ist, ob sie
sexuelle Beziehungen eingehen oder nicht, und wenn, dann mit
wem. Wenn sie in ihre ersten sexuellen Erfahrungen allmählich hin-
einwachsen, sich dabei wohl und sicher fühlen, dann werden sie sich
auch auf ihre sexuellen Beziehungen als Erwachsene freuen. Ein
Mädchen, das gelernt hat, sich durchzusetzen und aktiv mitzube-
stimmen, wie weit sie gehen will, wird selbstbewußt in die Zukunft
blicken. Ein Junge, der verantwortungsvoll handeln kann, wird
ebenso empfinden.

Wenn die ersten sexuellen Erfahrungen allerdings schiefgehen und vielleicht sogar eine Schwangerschaft die Folge ist oder wenn die unglückliche Liebe eines Jugendlichen zum Schultratsch wird, dann werden die Betroffenen den Schmerz und die Erniedrigung lange nicht vergessen können und vor einer neuen Beziehung zurückschrecken. Ein Mädchen oder ein Junge, das/der sexuell belästigt oder gar vergewaltigt wurde, wird das Trauma jahrelang nicht loswerden. Auch danach wird er oder sie vielleicht den ‹richtigen› Partner ablehnen oder verlassen, weil er/sie nicht mit der Enttäuschung, dem Unbehagen oder dem Ekel aus der Vergangenheit konfrontiert werden möchte. Auch ohne den unzähligen Erfahrungen, die Teenager machen können, auf den Grund zu gehen, so wird doch deutlich, wie entscheidend diese Jahre für unsere Grundeinstellung zur Liebe sind.

Übung: Die ersten Ratschläge, die man Ihnen mit auf den Weg gab

Versuchen Sie, sich an die wichtigsten Vorstellungen zu erinnern, die man Ihnen als Kind vermittelt hat, und überlegen Sie, ob Sie sie als richtig oder falsch empfunden haben.

Nehmen Sie Papier und Bleistift, und führen Sie folgende Sätze zu Ende:

- ❏ Männer sind…
- ❏ Ehemänner sollten…
- ❏ Frauen sind…
- ❏ Ehefrauen sollten…
- ❏ Die Ehe ist…
- ❏ Menschen, die sich lieben, sollten…

Nun entscheiden Sie, welche dieser Aussagen Sie akzeptiert und verinnerlicht haben. Inwieweit haben Sie diese Aussagen beeinflußt? Sind Sie Ihnen hilfreich oder hinderlich? Wie könnten Sie die angefangenen Sätze heute zu Ende führen?

- ❏ Männer sind…
- ❏ Ehemänner sollten…
- ❏ Frauen sind…
- ❏ Ehefrauen sollten…
- ❏ Die Ehe ist…
- ❏ Menschen, die sich lieben, sollten…

Übung: Erste Erfahrungen mit der Liebe

Denken Sie über den Einfluß Ihrer Eltern auf Ihr Leben nach. Haben Sie sich je einen Partner ausgesucht, der einem Elternteil glich? Wenn ja, notieren Sie kurz, was Sie aus dieser Beziehung gelernt haben.

Erinnern Sie sich an Ihre erste Liebe. Beschreiben Sie in Stichpunkten Ihre Erinnerungen, dann Ihre gegenwärtigen Gefühle und beantworten Sie die Frage, ob diese Beziehung Sie nachhaltig beeinflußt hat.

Der Einfluß ehemaliger Partner auf neue Beziehungen

Unsere Einstellungen der Liebe und dem Leben gegenüber sind nicht mit sieben, vierzehn oder 21 Jahren unabänderlich festgefügt. Sie können sich durch spätere wichtige Beziehungen noch verändern. Die Erfahrungen, die wir als Erwachsene in Liebesbeziehungen machen, können unsere bisherigen Meinungen bestätigen oder in Frage stellen. Die neuen Vorstellungen, die wir gegebenenfalls entwickeln, können positiv und wertvoll oder negativ und enttäuschend sein.

Viele von uns schleppen den Ballast alter Beziehungen mit sich herum und halten, bewußt oder unbewußt, an früheren Verhaltensweisen fest. Wir fürchten bestimmte Verhaltensmuster oder sehnen sie uns herbei. Manche möchten auf dieselbe Weise mit dem neuen Partner streiten oder sexuell verkehren, wie sie es aus der alten Beziehung gewöhnt waren. Oder sie erwarten, daß der jetzige Partner genauso mit Geld umgeht, genauso gern Feste feiert und sich mit den Verwandten versteht wie der vorhergehende.

Manche wechseln von einer Beziehung zur nächsten und erfahren auf diese Weise, welche Art von Partner sie eigentlich suchen. Die Erfahrungen und die Lehren aus der letzten Beziehung werden in die nächste mit eingebracht und können sich als sehr wertvoll erweisen. Sharon zum Beispiel legte auf gesunde Ernährung großen Wert. Sie las viel darüber, erzählte ihrem Partner davon und bereitete ausgewogene Mahlzeiten zu. Dennis hingegen waren Ernährungsfragen nicht wichtig. Er hatte sich immer von Hot dogs, Pommes frites und Fertiggerichten ernährt. Nachdem er mit Sharon ein paar Jahre zusammengelebt hatte, lernte er gesunde Ernährung schätzen und zog sogar Vollwertkost vor. Er änderte sowohl seine Ernährung als auch seine Haltung dazu. Auf diese Weise eignete er sich ihre Einstellung an, und behielt sie auch über seine Ehe mit Sharon hinaus bei. Als er später mit anderen Frauen ausging, paßte er genau auf, was seine Partnerinnen aßen, und hielt ihnen manchmal sogar Vorträge über die Notwendigkeit ausgewogener Ernährung.

Auch unglückliche Beziehungen beeinflussen unsere innere Einstellung. Ein Mann, der herausfindet, daß seine Frau eine Affäre hat, entwickelt eine neue Grundhaltung: «Ich werde nie mehr einem anderen Menschen vertrauen» oder «Ich werde mich nie mehr verlieben». Diese Reaktion ist unter den gegebenen Umständen zwar verständlich, aber ein solcher Vorsatz sollte nicht das ganze restliche Leben bestimmen. Der Mann wird eines Tages seine Einstellung ändern müssen. Andernfalls wird er bei allen neuen Frauenbekanntschaften mißtrauisch sein und fürchten, betrogen zu werden.

Jessica änderte ihre Einstellung zu ihrer Rolle als Ehefrau, nachdem sie viele Jahre mit George, dem Vizepräsidenten eines großen Konzerns, verheiratet war. Sie erzählte sehr bewegt: «Ich fühlte mich wie ein Teil der schönen, teuren Einrichtung. Er schenkte seinen Autos mehr Aufmerksamkeit als mir. In Gegenwart anderer Leute erwartete er von mir, daß ich den Mund hielt und so tat, als sei alles in Ordnung zwischen uns, auch wenn es nicht so war. Wenn ich Freunden zu erklären versuchte, wie egoistisch er war und wie einsam ich mich fühlte, sagten sie so was wie: ‹Unsinn, er ist ein wundervoller Mann. Er liebt dich, und außerdem hast du alles, was sich eine Frau nur wünschen kann.› Eines Tages hatte ich dieses Affentheater so satt, daß ich ihn verließ, ohne eigentlich genau zu wissen warum. Erst zwei Jahre nach unserer Trennung habe ich es begriffen. Seitdem habe ich beschlossen, mich von niemandem mehr so behandeln zu lassen!» Entscheidungen wie diese – alte Denkmuster, Verhaltensweisen und Gefühle zu ändern – erfordern in der Regel ein hohes Maß an Motivation und Mut.

Vergangene Beziehungen bewußt auszuwerten, ist eine nützliche Methode, um herauszufinden, was man von einer Partnerschaft erwartet und was man nicht noch einmal erleben will. Wenn die alte Beziehung positiv verlief, will man die angenehmen Erfahrungen wiederholen oder sich ihnen zumindest annähern. Selbst wenn die Beziehung nicht funktioniert hat, sollte man sich immer fragen: «Was habe ich aus dieser Beziehung gelernt, damit die nächste besser wird?» Wenn wir eine Enttäuschung erlebt haben, können wir auf diese Weise herausfinden, welche Einstellungen wir hatten und welche wir ändern müssen. Es ist leicht, mit unglücklichen Erinnerungen und einem Selbstschutz aus starren Grundeinstellungen eine Beziehung hinter sich zu lassen, aber es verhilft uns nicht automatisch zu einer glücklicheren Beziehung. Wenn wir bereit sind, aus der Vergangenheit zu lernen, ermöglichen wir uns eher eine glückliche Zukunft.

Übung: Ein imaginärer Dialog mit früheren Partnern

Wenn wir uns an vergangene Beziehungen zurückerinnern, sehen wir möglicherweise nicht, inwieweit sich unsere Einstellung zur Liebe verändert hat. Diese kurze Übung kann Ihnen die Entwicklung Ihrer Grundeinstellung aufzeigen.

Nehmen Sie sich ein wenig Zeit, und stellen Sie eine Liste Ihrer ehemaligen Partner zusammen. Schreiben Sie ihre Namen in chronologischer Reihenfolge auf, und notieren Sie zu jedem Namen, inwieweit das Zusammensein mit diesem Menschen gut für Sie war und inwieweit nicht.

Nun stellen Sie sich vor, daß Ihnen jeder einzelne gegenübersitzt und Sie fragt: «Was hast du aus unserer Beziehung gelernt?» Beantworten Sie die Frage spontan, und schreiben Sie die Antworten auf.

Erkennen Sie ein System in der Art der Partner, die Sie gewählt haben? Haben sich Ihre Einstellungen gewandelt, weiterentwickelt?

Weitere Faktoren, die Ihre Grundeinstellungen bestimmen

Es gibt noch weitere Faktoren, die unsere Selbsteinschätzung und unsere Art der Partnerwahl beeinflussen. Dazu gehören unsere sozialen Normen, unsere Erwartungen an Männer- und Frauenrollen, unsere religiöse Erziehung und unsere sozioökonomische Situation. Jeder dieser Faktoren kann unsere Grundhaltung zu Liebe und Partnerschaft ganz maßgeblich prägen.

Soziokulturelle Grundeinstellungen werden von dem Wertesystem und dem Wissen ebenso wie den Vorurteilen und den Eigenheiten der kulturellen Gemeinschaft geprägt, in der man aufwächst. Die meisten Menschen passen sich mehr oder weniger ihrer kulturellen Umgebung an, um von der Allgemeinheit anerkannt zu werden und zu beweisen, daß sie dazugehören. Viele sehen ihre soziokulturellen Einstellungen als selbstverständlich an und erwarten, daß andere genauso leben wie sie. Das kann zu Problemen führen.

Jede Kultur oder Subkultur verfügt über eigene Normen und Werte. Wie und wann man auf Partnersuche gehen und heiraten sollte, ist von Kultur zu Kultur verschieden. In Irland beispielsweise ist es üblich, daß Männer erst Ende 30 heiraten; in südamerikanischen Ländern heiraten die Männer schon als Teenager oder Anfang zwanzig. In manchen Ländern wählt man seinen Partner selbst; in anderen Ländern wiederum werden Partnerwahl und Heirat von den Eltern organisiert, und es wird dabei besonderen Wert auf die gleiche soziale Stellung der zukünftigen Eheleute gelegt.[9]

In manchen Kulturkreisen ist es verpönt, sich mit jemandem aus einem anderen kulturellen Umfeld einzulassen oder ihn gar zu heiraten; andere soziokulturelle Gemeinschaften hingegen akzeptieren, ja begrüßen sogar Menschen mit einem anderen kulturellen Hintergrund. Menschen, die bei ihrer Partnerwahl kulturelle Grenzen überschreiten, möchten in der Regel die Eigenheiten ihrer ethnischen Gemeinschaft durch die ihres Partners ausgleichen. Sie entfernen sich von bestimmten Werten ihrer eigenen Kultur und nähern sich den Werten der anderen Kultur an. Die Unterschiedlichkeit der Kulturen kann eine erfrischende Abwechslung in die Gleichförmigkeit der eigenen Kultur bringen. Dennoch können Eltern und Freunde eine solche Entscheidung kritisieren, sie für unvernünftig und illoyal halten und der Beziehung keinerlei Chance geben. Gegen solche Widerstände läßt sich nur schwer ankämpfen.

Wenn wir mit unseren soziokulturellen Einstellungen auf eine andere Kultur treffen, d. h., wenn beispielsweise unser Partner einer anderen Nationalität angehört oder wenn wir in ein anderes Land übersiedeln, können wir einen Kulturschock erleben. Wir müssen nicht einmal in ein anderes *Land* kommen. Jemand, der zum Beispiel an der amerikanischen Ostküste aufgewachsen ist – wo er oder sie enge familiäre und nachbarschaftliche Beziehungen aufgebaut hat – und an die Westküste zieht – wo man viel leichter Leute kennenlernt, aber nur schwer Freundschaften knüpft –, wird die Freundschaft und zwischenmenschliche Nähe, die so selbstverständlich zum Leben an der Ostküste gehörten, schmerzlich missen. In dieser Situation wird man möglicherweise vom Partner erwarten, daß er alle sozialen Bedürfnisse befriedigt, die zu Hause von vielen, verschiedenen Menschen befriedigt wurden.

Jemand, der von einem soziokulturellen Umfeld in ein anderes wechselt, wird sich häufig wie ein Fisch auf dem Trockenen vorkommen. Claudia wurde in einer kleinen Farmergemeinde im Mittleren Westen groß. Als Erwachsene zog sie nach Chicago und suchte dort nach einem Partner, der sich für eine traditionell denkende Frau wie sie interessierte, die sich als Hausfrau und Mutter in Schule und Nachbarschaft engagieren würde. Sie wußte jedoch nicht, wo sie in der Großstadtkultur einen gleichgesinnten Partner finden sollte. Es dauerte mehrere frustrierende Jahre, bis sie herausfand, wo sie Menschen mit ähnlichen Werten kennenlernen konnte.

Jede Kultur hat einen eigenen Verhaltenskodex, der Männern und Frauen vorschreibt, wie sie sich kennenlernen, ineinander verlieben und eine Ehe führen sollen. In den Vereinigten Staaten sind die Vorstellungen vom Wesen der Frau oder des Mannes und davon, wie sie sich verhalten sollten, einem schnellen Wandel unterworfen.[10] Während man früher glaubte, die Domäne der Frau sei Heim und Herd, denkt man jetzt, daß ihr Platz ebenso im Büro sein kann. Während man früher Männern nicht zutraute, ihre Kinder nach einer Scheidung allein großzuziehen, entscheiden sich mittlerweile viele Männer dazu, das Sorgerecht für die Kinder zu behalten, und sind ihrer Aufgabe durchaus gewachsen.

In anderen Kulturen sehen diese Vorstellungen ganz anders aus und sind sogar gesetzlich festgeschrieben. In einigen lateinamerikanischen Ländern zum Beispiel besteht immer noch eine starke rechtliche Diskriminierung von Frauen. Männer können ohne weiteres die Scheidung einreichen, während Frauen dem Partner erst ‹außerordentliche Grausamkeit› nachweisen müssen. Selbst wenn einem Scheidungsantrag stattgegeben wird, erhalten Frauen nur in den seltensten Fällen finanzielle Unterstützung für sich selbst oder die Kinder oder ihren gerechten Anteil am gemeinsamen Hausstand. Deshalb verfügen viele verheiratete Frauen über ein geheimes ‹Notfallkonto›, für den Fall, daß die Ehe eines Tages auseinanderbricht. Bei der Partnerwahl spielt die finanzielle Sicherheit deshalb eine entscheidende Rolle.

Jeder von uns interpretiert seine Erfahrungen mittels des Rasters unserer vorgefaßten Meinungen. Darüber hinaus haben Untersuchungen ergeben, daß wir in der Regel Bestätigungen für unsere Ansichten suchen und deshalb dazu neigen, uns nur die Ereignisse zu merken, die unsere Meinung untermauern. Unsere Wahrnehmung ist selektiv. Informationen, die unsere Ansichten widerlegen oder ihnen widersprechen, blenden wir gerne aus, schätzen sie als unwichtig ein oder lehnen sie einfach ab. Außerdem neigen wir zu verallgemeinerten, stereotypen Vorstellungen von anderen Kulturkreisen und nehmen deshalb häufig nur die Menschen wahr, die diesem Stereotyp entsprechen.[11] Mit anderen Worten, wir haben den Hang, nur das zu sehen, was wir bereits für richtig halten. Auf diese Weise können wir nicht erkennen, wie andere Menschen wirklich sind.

Selbst innerhalb desselben Kulturkreises kommt es vor, daß Menschen dasselbe Ereignis völlig unterschiedlich interpretieren. Zum Beispiel ist es für manche Männer ganz selbstverständlich, einer Frau die Autotür aufzuhalten, ihr im Restaurant den Stuhl zurechtzurücken und diskret die Rechnung zu begleichen. Manche Frauen sind davon sicher begeistert oder finden zumindest, daß sich das für einen Mann so gehört. Andere Frauen hingegen würden diese Aufmerksamkeiten brüskieren, weil sie dieses Verhalten als herablassend und chauvinistisch empfinden oder weil sie glauben, daß diese Höflichkeit reine Berechnung ist. Wenn eine Frau glaubt, daß alle Männer treulos sind, und wenn ihr Freund dann eine Arbeitskollegin zum Essen einlädt, wird sie vielleicht den voreiligen Schluß ziehen, daß er sie betrügen will. Irrationale oder verzerrte soziokulturelle Einstellungen können die Suche nach dem Glück beeinträchtigen und sogar verhindern, daß man den richtigen Partner findet.

Religiöse Grundeinstellungen entspringen unseren religiösen Erfahrungen und Traditionen, die vor allem unsere Grundhaltung zu Liebe, Sex und Ehe bestimmen. Sie können so tief verwurzelt sein, daß wir sie nie hinterfragen und wir vielleicht erst durch einen Partner dazu gezwungen werden, insbesondere wenn er einer anderen Konfession angehört. Wenn zum Beispiel eine Frau, die in einer traditionellen religiösen Gemeinde engagiert ist, einen Atheisten kennenlernt, wird sie an ihrer Wahl zweifeln. Er wird sich ebenfalls fragen, ob ihre religiöse Überzeugung nicht einer Partnerschaft im Wege steht.

Für manche religiöse Menschen stellt eine interkonfessionelle Beziehung ein Problem dar. Für andere ist die religiöse Einstellung des Partners nicht so wichtig und sie können sich damit arrangieren. Dieselben Menschen allerdings werden vielleicht feststellen, daß ihre Eltern, Freunde oder Geistliche aufgrund ihrer eigenen Grundeinstellung ihrer Verbindung nicht zustimmen können. Werden seine jüdischen Eltern seine katholische Freundin akzeptieren? Wird ihr Pfarrer sie bestärken oder ihr abraten?

Während religiös bedingte Konflikte sich leicht vermeiden lassen, solange man befreundet ist, können sie spätestens dann ausbrechen, wenn Heiratspläne geschmiedet werden. Beide Partner fühlen sich womöglich an ihren Glauben gebunden und können nicht über ihren Schatten springen. Sie streiten sich darüber, wie und wo die Trauzeremonie abgehalten werden sollte und wer sie vollzieht. Manche Paare stellen fest, daß ihre religiösen Überzeugungen unvereinbar sind, und trennen sich. Andere messen ihnen nicht soviel Bedeutung bei. Wieder andere kommen zu dem Schluß, daß ihr unterschiedlicher Glaube nicht gegen eine Verbindung spricht, solange sie in vielen anderen Bereichen harmonieren.

Ökonomische Grundeinstellungen können ebenfalls die Partnerwahl beeinflussen. Manche glauben, daß Geld und gesellschaftliche Stellung alles sind, daß man ‹ohne eine dicke Brieftasche nicht weit kommt›. Für sie ist Geld der Maßstab für Erfolg. Für andere stellt Geld Sicherheit dar – die Möglichkeit, sich ein eigenes Heim zu leisten, für das Alter zu sparen usw.

Geld ist ein heikles Thema, und viele scheuen sich, darüber zu sprechen. Manche Paare vermeiden es, bis sie verheiratet sind und feststellen müssen, wie wichtig dieses Thema für ihre gemeinsame Zukunft ist.

Manchen liegt es, ihre Finanzen gewissenhaft in Ordnung zu halten und zu verwalten. Sie überziehen ihr Konto nicht und zahlen ihre Rechnungen und Steuern stets pünktlich. Andere halten Buchhaltung theoretisch zwar für sinnvoll, persönlich jedoch für unwichtig, lästig und reine Zeitverschwendung. Sie wollen sich damit nicht herumärgern und überlassen es deshalb gerne anderen, sich darum zu kümmern. Noch andere lieben das Risiko; sie geben mehr aus, als sie verdienen, und kümmern sich so lange nicht darum, bis sie in ernsthafte finanzielle Schwierigkeiten geraten.

Es ist wichtig, die eigene Einstellung zum Geld zu kennen, damit Sie mit Ihrem zukünftigen Partner offen darüber reden können. Andernfalls können Sie bitter enttäuscht werden. So wie Erica, die erwartete, daß Howard sich in Geldangelegenheiten so verhielt wie ihr Vater. Ihr Vater hatte ihrer Mutter seinen Lohn gegeben und ihr alle Entscheidungen über Ausgaben überlassen. Howard jedoch hielt davon gar nichts. Er wollte die Dinge so regeln, wie *sein* Vater sie gehandhabt hatte. Sein Vater war sehr streng und dominant. Er erwartete, daß alles nach seinen Vorstellungen verlief, und fällte sämtliche Entscheidungen in finanziellen Fragen allein. Das war für Erica eine herbe Enttäuschung. Sie war einen bestimmten Lebensstil gewöhnt und hatte erwartet, ihn in ihrer Partnerschaft zumindest beizubehalten. Als dies nicht geschah, wurde Geld zum Anlaß ständiger Auseinandersetzungen.

Manche Menschen lassen sich durch den materiellen Erfolg und das damit verbundene Prestige des Partners einschüchtern, was ihre vielleicht sonst harmonische Beziehung stört. Danny zum Beispiel, ein Zimmermann, war Ende Zwanzig, als er Margaret kennenlernte. Sie war leitende Angestellte in einer sehr erfolgreichen Firma. Ihre ersten Begegnungen waren intensiv und leidenschaftlich. Die Beziehung entwickelte sich gut, bis sie ihn eines Tages auf eine Party zu einem Kollegen mitnahm. Als sie aufbrachen, wurde er unruhig und nervös. Er sagte ihr, daß er «bloß ein Zimmermann» sei und ihre Freunde dagegen «Wirtschaftsbonzen». Es war ihm peinlich, mit seinem alten Lieferwagen vor der Luxusvilla ihres Kollegen vorzufahren. Er sagte, er wüßte nicht, wie er sich benehmen sollte oder worüber er mit diesen Leuten reden könnte. Nicht lange danach zog sich Danny von Margaret zurück. Seine Minderwertigkeitskomplexe und seine materiellen und sozialen Vorbehalte waren stärker als seine Gefühle für sie.

Überprüfen Sie Ihre Grundeinstellungen

Möchten Sie so bleiben, wie Sie sind, oder gibt es Einstellungen, die Sie ändern möchten oder müssen? Wenn man seine Einstellungen nicht sorgfältig überprüft, kann es passieren, daß sich bei der Partnersuche immer und immer wieder dieselben Hindernisse in den Weg stellen, weil man an denselben einmal gefaßten Meinungen festhält. Oder man läßt sich anfangs auf eine Beziehung ein und sabotiert sie dann plötzlich, indem man sich zu leger, zu vorsichtig, zu hilflos, zu aggressiv, zu fordernd oder zu besitzergreifend verhält. Man läßt ein wenig Nähe zu und zögert dann, unfähig, den nächsten Schritt zu tun, und ohne zu verstehen, weshalb man sich nicht weiter einlassen kann.

Übung: Grundeinstellung und Partnerwahl

Versuchen Sie, sich die Einstellungen, die Sie von Menschen in Ihrer kulturellen Umgebung übernommen haben, bewußt zu machen. Beantworten Sie folgende Fragen, und schreiben Sie die Antworten auf.

- ❏ Welche soziokulturellen Grundeinstellungen habe ich?
- ❏ Inwieweit beeinflussen sie meine Partnerwahl?
- ❏ Welche religiösen Grundeinstellungen habe ich?
- ❏ Inwieweit beeinflussen sie meine Partnerwahl?
- ❏ Welche ökonomischen Grundeinstellungen habe ich?
- ❏ Inwieweit beeinflussen sie meine Partnerwahl?

Jeder, der sich durch eine einschränkende Grundeinstellung behindert fühlt, muß Mut und innere Kraft aufbringen, um sich von ihr zu befreien. Wenn wir uns von alten Einstellungen lösen, fühlen wir uns, als sei uns eine schwere Last von den Schultern genommen. Anstatt die Welt mit Scheuklappen zu sehen, eröffnen sich uns neue Möglichkeiten und Perspektiven.

Grundeinstellungen widersetzen sich gerne der Veränderung. Damit es trotzdem gelingt, bedarf es einiger wohlüberlegter Anstrengungen. Mit der richtigen Motivation, einer klaren Strategie und ausreichendem Engagement läßt sich beinahe *jede* Grundeinstellung verändern! Wenn Sie eine Einstellung entdeckt haben, die Sie gerne ändern möchten, dann finden Sie hier ein paar hilfreiche Tips.

Übung: Wie ändere ich meine Einstellung

Entspannen Sie sich, und machen Sie es sich bequem. Vergegenwärtigen Sie sich die Einstellungen, nach denen Sie Ihr Leben ausrichten und besonders die, die Ihr Gefühlsleben betreffen. Überlegen Sie, welche Ihnen bei der Partnersuche helfen und welche Sie behindern. Stellen Sie sich folgende Fragen:

- ❏ Welche Einstellung möchte ich ändern?
- ❏ An welcher neuen Einstellung möchte ich mich statt dessen orientieren?
- ❏ Was bin ich zu tun bereit, um sie zu ändern?
- ❏ Mit welcher Maxime könnte ich meine neue Einstellung untermauern?
- ❏ Wie wird sich mein Verhalten ändern, wenn ich eine neue Einstellung gewonnen habe?

Suchen Sie nach Möglichkeiten, Ihre neue Grundeinstellung zu unterstützen und zu verstärken. Ein Weg ist, sich Ihren Traum von der Liebe bewußt zu machen und zuversichtlich an das zu denken, was Sie sich wünschen. Rufen Sie sich die Gründe ins Gedächtnis, weshalb Sie Ihre hinderliche Grundeinstellung ändern wollen. Manche Menschen denken sich Ermutigungen aus, die sie sich selbst vorsagen können. Zum Beispiel: «Ich weiß, daß es mir zusteht!» oder «Ich weiß, daß ich es, wenn ich wirklich will, auch erreichen kann.» Diese Art von positivem Denken kann eine große Hilfe sein.

Andere malen sich aus, wie sie mit ihrer neuen inneren Einstellung leben werden. Fertigen Sie eine Collage an, die ausdrückt, wie Sie gerne sein möchten. Wenn sie an der Wand hängt, wird sie immer eine aufmunternde Erinnerung an Ihr Vorhaben sein. Untersuchungen haben gezeigt, daß Menschen, die sich ihren Erfolg konkret ausmalen, größere Chancen haben, auch wirklich erfolgreich zu sein.[12]

Wieder andere suchen sich Vorbilder (reale oder aus Film und Fernsehen), die ihrer neu gewählten Grundeinstellung gemäß leben. Sich diese Vorbilder in Erinnerung zu rufen, erleichtert es uns, uns von unserem zukünftigen Verhalten ein Bild zu machen.

Manchen Menschen fällt es schwer, herauszufinden, welche Einstellungen sie ändern wollen; andere sind sich darüber im klaren, haben aber Schwierigkeiten, sie wirklich zu ändern. Manche sind selbst dazu in der Lage; andere benötigen Hilfe. Manche Grundeinstellungen sitzen so tief oder sind so schmerzvoll, daß man einen Psychotherapeuten zu Rate ziehen oder sich an eine Beratungsstelle wenden sollte.

Eine innere Einstellung ändern ist ein Lernprozeß, der es uns ermöglicht, Einblick in die Hintergründe unserer Gedanken, Gefühle und Handlungen zu gewinnen. Da Sie sich selber besser verstehen lernen, lernen Sie auch, Verwandte, Freunde und Partner besser zu verstehen und sich in sie einzufühlen. Dies wiederum erhöht Ihre Chancen, den richtigen Partner zu finden und eine erfüllte und beständige Beziehung aufzubauen.

Erkennen Sie an, daß Sie in Ihrem Leben gewiß schon andere Einstellungen geändert haben, und machen Sie sich klar, daß Sie es ein weiteres Mal schaffen werden. Lassen Sie sich Zeit, mit Ihren neuen Einstellungen leben zu lernen. Es dauert eine Weile, bis man neue

Denk- und Verhaltensweisen angenommen hat, besonders Einstellungen, die uns in Zukunft leiten sollen. Haben Sie also Geduld, erwarten Sie keine Wunder. Und denken Sie daran, wenn Sie sicher sind, daß Ihre neue Einstellung Ihnen guttun wird, wird es Ihnen auch gelingen, die alte über Bord zu werfen.

3 Ich treffe meinen Traumpartner

«Es regnete. Ich saß am Fenster und dachte an vergangene Rendezvous, die aufregend und spannend gewesen waren. Doch dann setzte die Ernüchterung ein. Seit ich hierher gezogen bin, weiß ich nicht mehr, wo ich nette Leute treffen könnte. Es ist gar nicht so leicht, wie man denkt, jemanden Interessantes kennenzulernen.»

«Meine Mutter hat immer gesagt, ich solle mich vor Männern in acht nehmen, weil sie sowieso nur Sex im Kopf haben. Ich glaube nicht, daß das stimmt. Die Männer, die ich kennengelernt habe, reden nur von ihrem Beruf!»

«Zuerst mache ich mich fein, um auszugehen und jemanden kennenzulernen; und dann bekomme ich Panik, habe Magenschmerzen und bleib zu Hause.»

«Ich habe gedacht, es wäre ganz nett, einem Fitneßverein beizutreten. Ich bin zwar kein Bewegungsfanatiker, aber ich seh gern gut aus. Vielleicht lerne ich ja jemanden Interessantes kennen, wer weiß. Oder vielleicht sollte ich mal übers Wochenende zum Skilaufen fahren. Da trifft man immer interessante Leute. Aber was ist, wenn sich keiner für mich interessiert? Wenn die guten Partien schon weg sind und ich an einem Versager hängenbleibe? Ich will mich ja nicht lächerlich machen, aber ich muß irgendwo anfangen.»

Manchen Menschen fällt es leicht, auf andere zuzugehen. Es ist für sie etwas Natürliches, weil sie es spannend finden, neue Menschen kennenzulernen, selbst auf die Gefahr hin, daß es im Sande verläuft. Sie sagen sich, daß es besser ist, hin und wieder hereinzufallen, als nie etwas zu wagen. Solche Menschen ziehen ihrerseits Freunde und

Liebhaber an, die ähnlich aufgeschlossen und gesellig sind. Aufgrund ihres offenen und freundlichen Wesens mangelt es ihnen nicht an Gelegenheiten auszugehen.

Andererseits gibt es Menschen, die übertrieben kritisch sind. Für sie ist es weit schwieriger, einen Partner zu finden, weil sie fürchten, enttäuscht zu werden. Lernen sie jemanden kennen, haben sie schnell ein Urteil bei der Hand. Auch sich selbst messen sie an strengen Maßstäben, und sie fürchten, kritisiert und für unzureichend befunden zu werden, was sie letztendlich davon abhält, sich auf jemanden einzulassen.

Dieses Kapitel erläutert, wie Träume und Grundeinstellungen sich gegenseitig beeinflussen und wie unsere innere Einstellung uns hilft oder auch hindert, unseren Traumpartner kennenzulernen. Es zeigt darüber hinaus auf, wie Menschen die *Zeit* für ihren Erfolg oder Mißerfolg verantwortlich machen. Außerdem macht es deutlich, wie wichtig der erste Eindruck ist, wie man ihn deutet und wie man selbst einen guten Eindruck hinterläßt. Sie werden erfahren, welche subtilen Signale Sie vielleicht aussenden und was zu tun ist, wenn Sie Menschen auf Distanz halten oder die Falschen anziehen. Der letzte Abschnitt dieses Kapitels wird Ihnen wichtige Anregungen geben, wo und wie Sie Ihren Traumpartner finden können.

Träume kontra Grundeinstellungen

Jeder von uns träumt von der großen Liebe, die wir irgendwann einmal erfahren werden, und unsere Grundeinstellungen helfen oder hindern uns, unseren Traum zu erfüllen. Stehen Traum und innere Einstellung im Widerstreit miteinander, so verhindert dies, daß wir neue Menschen kennenlernen und uns verlieben. Diesen Widerstreit empfinden wir wie einen nicht enden wollenden inneren Kampf mit nur zeitweiligen Verschnaufpausen. Im einen Moment ist man voller Enthusiasmus über die Beziehung und im nächsten völlig desillusioniert. Wir werden in unserem inneren Konflikt hin- und hergerissen, bis letztendlich eine Seite die Oberhand gewinnt. Um ein Gegengewicht zu unseren ambivalenten Gefühlen herzustellen, müssen wir uns eine Erklärung ausdenken, die dieses Dilemma rechtfertigt. Dies wirkt sich natürlich auf die Art und Weise, wie wir einem potentiellen Partner begegnen, aus. Im folgenden zeigen wir anhand von Beispielen auf, wie unsere innere Einstellung zum Alleinleben uns daran hindern kann, unseren Lebenspartner zu finden.

Traum: Ich will glücklich sein, ob verheiratet oder als Single.
  Innere Einstellung: Aber ich kann nur glücklich sein, wenn ich verheiratet bin.

Manche Menschen können sich nur wohl fühlen, wenn sie mit jemandem zusammen sind. In ihren Augen beweist eine Ehe, daß sie ‹liebenswert› sind und sich gesellschaftlich integrieren können. Die Psychologin Penelope Russianoff nennt dies das ‹Arche Noah-Syndrom›, die Vorstellung, daß «die ganze Welt nur von Paaren bevölkert ist und daß man selbst Teil eines Paars sein muß, um dazuzugehören».[13]

Die meisten Singles erklären, daß sie gerne heiraten würden. Aber sie fragen sich auch: «Um welchen Preis?» Vielen ist es die Ehe nicht wert, ihre berufliche Karriere aufs Spiel zu setzen, ihren derzeitigen Lebensstil zu ändern oder die Höhen und Tiefen einer Beziehung zu durchleben. Lieber arrangieren sie sich mit ihrem Alleinsein, als eine Niete zu ziehen.

Es gibt viele Gründe, warum Menschen allein bleiben. Wir neigen dazu, Alleinstehende nach unserer Grundeinstellung zu beurteilen. Wenn Sie einen Mann um die 40 kennenlernen würden, der gut aussieht, beruflich erfolgreich ist und nie verheiratet war, was wäre Ihr erster Eindruck? Vielleicht würden Sie denken: «Stimmt etwas nicht mit ihm? Warum ist er nicht verheiratet? Interessiert er sich nicht für Frauen?» Andere würden sich fragen, ob er vielleicht zu schüchtern ist oder zu sehr an seiner Mutter hängt, ob er unter seiner Einsamkeit leidet oder überhaupt Frauen haßt oder aber schwul ist. Wieder andere malen sich aus, daß er ein ausschweifendes Leben führt und jede Woche eine neue Affäre hat.

Wenn Sie eine Frau unter denselben Umständen kennenlernten, würden Sie dann genauso reagieren? Würden Sie ebenso schnell dieselben Schlüsse ziehen, oder gingen Ihre Gedanken in eine andere Richtung? Schon die Bezeichnung ‹Alte Jungfer› im Gegensatz zu ‹Junggeselle› besagt viel über die gesellschaftliche Stellung einer alleinstehenden Frau gegenüber einem alleinstehenden Mann: Während bei einer ‹Alten Jungfer› die Vorstellung mitschwingt, sie hätte keinen Mann abbekommen, sei es wegen ihres Aussehens oder ihres Charakters, oder weil sie einfach Pech gehabt hat, geht man bei einem ‹Junggesellen› stillschweigend davon aus, daß er sich freiwillig für das Alleinleben entschieden hat. Ihr haftet ein Stigma an, während man ihn zum Teil noch bewundert. Diese Haltung ist nach wie vor weit verbreitet und wird durch die allgemeine Vorstellung unterstützt, daß alleinstehende Männer – sowohl emotional als auch finanziell – ihre Lage besser meistern als Frauen. Diese Einstellung kann zu großen Schwierigkeiten und Mißverständnissen führen.

Debbie hatte eine unverheiratete Tante. Bei einer Familienfeier bemerkte Debbie: «Arme Tante Jean – für sie ist der Zug abgefahren. Ich bin froh, daß sie wenigstens uns hat. Sonst hätte sie überhaupt niemanden, der sich um sie kümmert.» Einer von Debbies Cousins widersprach: «Das stimmt nicht. Tante Jean hatte früher einen heimlichen Liebhaber, und als er sie verließ, hat sie sich nie mehr von diesem Schlag erholt.» Ein anderer Cousin warf ein: «Der eigentliche Grund, warum sie alleine ist, ist, daß sie noch immer an ihrem Vater hängt, der sehr dominant ist.» «Nein», unterbrach sie ein dritter, «ich glaube, sie weiß einfach nur, wie wichtig es ist, wählerisch zu sein.» Keiner in der Familie kannte die Gründe für Tante Jeans Lebensweise. Jeder hatte eine andere, durch seine innere Einstellung bedingte Erklärung.

Jemand, der nicht in diesem ‹Arche Noah-Syndrom› gefangen ist, könnte fragen: «Wer will schon in einer Beziehung stecken, in der man sich nach kurzer Zeit völlig eingeengt fühlt?» Roger, ein 43jähriger Junggeselle, erklärte: «Ich lebe allein und fühle mich sehr wohl dabei. Ich habe nicht die Absicht zu heiraten. Es ist nicht so, daß ich Frauen nicht mag, aber ich lebe gerne so, wie es mir paßt, und habe keine Lust, Rechenschaft abzulegen oder mich um jemanden kümmern zu müssen. Wenn ich Leute zum erstenmal treffe und sie erfahren, daß ich nie verheiratet war, sind sie meistens ziemlich entsetzt. Als ich noch jünger war, fragten sie mich, wann ich denn heiraten würde. Jetzt starren sie mich nur noch an, denken wohl, mit mir müßte was nicht stimmen.»

Als alleinlebender Mensch kann es sein, daß man sich unwohl

fühlt, jeder neuen Bekanntschaft gegenüber mißtrauisch ist oder auch im großen und ganzen mit seinem Leben zufrieden ist und nur ab und zu einen Anflug von Unbehagen verspürt. Falls Sie sich unwohl fühlen, akzeptieren Sie dieses Gefühl als situationsbedingte Unzufriedenheit. Gehen Sie in sich, und versuchen Sie zu ergründen, ob Sie eine Partnerschaft wollen oder ob Sie zu große innere Widerstände haben, um sich einem anderen Menschen zu öffnen. Sind Ihre Gefühle sehr zwiespältig, sollten Sie sich vielleicht zu einer Therapie entschließen, um diesen Konflikt zwischen Ihren Träumen und Ihrer inneren Einstellung aufzuarbeiten und Ihre Energien erfolgreich einsetzen zu können.

Traum: Ich gebe mich nur mit dem Besten zufrieden.
  Innere Einstellung: Aber alle guten Partien sind schon vergeben.
Was die Wahl eines Partners betrifft, so denkt fast jeder, daß das Beste gerade gut genug ist. Das Problem dabei ist, daß es manchmal so aussieht, als seien alle guten Partien schon vergeben. Die Forschungsergebnisse von Neil Bennet, Patricia Craig und David Bloom lassen die Situation von Frauen in einem düsteren Licht erscheinen.[14] Sie fanden heraus, daß, je älter eine Frau mit guter Schulbildung, desto geringer sind ihre Chancen auf dem Heiratsmarkt. Mit zunehmendem Alter wird es für sie immer schwieriger, einen passenden Partner zu finden. Deshalb neigt sie dazu, alle Hoffnungen zu begraben und Gelegenheiten zu meiden, einen neuen Partner kennenzulernen. Aber Studien wie diese vermitteln nur statistische Durchschnittswerte und sagen nichts über Ihre persönlichen Chancen aus. Ihre Möglichkeiten hängen allein von Ihrer Einstellung und Vorgehensweise ab.

  Manche Alleinstehenden sind wirklich keine ‹gute Partie›. Es ist schwer, mit ihnen auszukommen, und noch schwerer, mit ihnen zusammenzuleben. Ein Mensch, der alleine lebt, wird mit der Zeit eigenbrötlerisch und kompromißlos. Das kann dazu führen, daß es unmöglich wird, seinen Erwartungen gerecht zu werden.

  Natürlich hat jeder Mensch, ob verheiratet oder allein lebend, Charaktereigenschaften, mit denen sich schwer umgehen läßt – auch für einen selbst! Diesen Bereich unserer Persönlichkeit wollen wir am liebsten verbergen, damit keiner davon erfährt. Ängste,

Wut, Phantasien und Geheimnisse bevölkern diese dunkle Seite unserer Persönlichkeit, auch ‹Schatten› genannt.[15] Schauen Sie sich einen Menschen nur gründlich genug an, so können Sie seinen Schatten entdecken. Sehen Sie jedoch nur die Schattenseite im Charakter eines Menschen, sind Sie abgeschreckt und ersticken eine potentielle Partnerschaft bereits im Keim. Sind Sie hingegen realistisch und neugierig, lernen Sie im Laufe der Zeit alle Seiten einer Persönlichkeit kennen und haben Gelegenheit herauszufinden, ob die positiven oder die negativen überwiegen.

Vor allem, geben Sie die Hoffnung nicht auf! Auch manche Unverheirateten oder Verwitweten entschließen sich einmal, eine dauerhafte Partnerschaft einzugehen. Und Geschiedene sind nicht zwangsläufig neurotisch oder schwierig im Umgang. Wenn Sie wirklich davon überzeugt sind, daß alle guten Partien schon vergeben sind, dann sollte Ihnen klar sein, daß Sie selbst demnach auch keine ‹gute Partie› sind, und dem würden Sie doch nicht zustimmen, oder? Auch Sie sind für einen – oder mehrere – Partner bestimmt. Aber um Ihren Partner zu finden, müssen Sie sich zunächst von der Vorstellung lösen, daß alle guten Partien schon vergeben sind.

Traum: Ich möchte gerne heiraten und eine Familie gründen.
  Innere Einstellung: Aber ich lerne nur Männer/Frauen kennen,
  die sich bloß amüsieren wollen.

Manche Menschen glauben, daß alle Singles ein aufregendes Leben führen und jedes Wochenende irgendwohin reisen – als wäre der ‹Club Mediterrannée› ihr zweites Zuhause. Jemand, der behauptet, Singles ‹wollten sich nur amüsieren›, geht gemeinhin davon aus, daß Alleinstehende weder erwachsen noch verantwortungsbewußt sind und sich auf keine dauerhafte Beziehung einlassen wollen. Ihre Einstellung sieht so aus: «Wenn ich mich mit so jemandem verabrede, verschwende ich nur Zeit, Energie und Kraft. Am Schluß bin ich dann nur enttäuscht und stehe doch wieder allein da. Wie kann ich mit jemandem glücklich werden, der das Leben nicht ernst nimmt? Ich suche einen Menschen, der Verantwortung für unsere Beziehung übernimmt und der daran arbeitet, daß wir glücklich werden. Aber es sieht nicht so aus, als würde ich so jemanden je kennenlernen.»

Diese Grundeinstellung ist einengend, weil in ihm mehr Mythos als Wahrheit steckt. Singles sind nicht ständig auf Achse oder nur auf Vergnügen und Abenteuer aus. Wie wir alle sind sie oft zu müde, um noch auszugehen. Auch sie lesen zu Hause ein Buch oder arbeiten im Garten oder versuchen, nach einem anstrengenden Arbeitstag Kochen und Kinderhüten unter einen Hut zu bringen. Und nebenbei müssen sie noch Zeit finden, einzukaufen und Rechnungen zu bezahlen – und manchmal reicht ihre Energie gerade noch aus, um sich vor den Fernseher zu setzen.

Falls Sie diese Einstellung haben, gehen Sie von vornherein davon aus, daß eine Beziehung nur oberflächlich sein kann und keine Zukunft hat. Dies mag dazu führen, daß Sie sich dagegen sperren, sich auf neue Menschen einzulassen, bevor Sie sie überhaupt kennenlernen. Tatsächlich verlieben sich viele Menschen, wenn sie gemeinsam Spaß haben. Sich zu amüsieren, ist eine Art, sich näherzukommen. Außerdem kann es lohnenswert sein, auch den Humor eines Menschen kennenzulernen. Hat dieser Mensch Tiefe? Kann er ernst und lustig zugleich sein?

Menschen, die zusammen lachen können, können auch häufig zusammen schweigen, ja selbst zusammen weinen. Falls Sie jemanden kennenlernen, der augenscheinlich ein hohes Maß an Vergnügungen braucht, denken Sie daran, daß dieser Mensch vielleicht gerade ein schmerzliches Erlebnis zu verarbeiten hat. Versuchen Sie über das zu reden, was Ihnen wichtig ist, und fragen Sie Ihr Gegenüber nach seinen Wertvorstellungen. Vielleicht entdecken Sie unter der Oberfläche einen Menschen, der den ernsthaften Wunsch hat, jemanden zu finden, der wirklich Anteil nimmt – jemanden wie Sie. Möglicherweise möchte er/sie sogar heiraten und sich auf eine dauerhafte Beziehung einlassen.

Traum: Ich möchte Sex genießen.
Innere Einstellung: Aber die meisten Singles sind entweder nur an Sex interessiert oder überhaupt nicht.

Manche Menschen glauben, daß Singles sexuell ausgehungert sind und immer nur ‹das eine› wollen. Bei einigen hat man wirklich den Eindruck! Sie betrachten Sex als eine Art Freizeitsport, als Eroberungs- und Unterwerfungsspiel und ignorieren dabei völlig die Gefühle und Wünsche ihres Partners.

Andere wiederum machen aus einem Bedürfnis nach Selbstbestätigung eine Phase durch, in der sie ihre Partner laufend wechseln, vor allem nach der Scheidung oder Trennung von einem geliebten Menschen. Sie kommen sich unattraktiv vor und haben Angst, daß sich nie wieder jemand für sie interessieren wird, und glauben, beweisen zu müssen, daß sie durchaus anziehend sind. So war es bei Loretta, einer zweiundvierzigjährigen Frau, die sich nach zwanzigjähriger Ehe scheiden ließ und während der letzten fünf Jahre keinen Sex mehr gehabt hatte. Ihr Mann hatte immer Unlust oder Müdigkeit vorgeschützt. Nach ihrer Scheidung ging sie sechs Monate lang jeden Abend in eine Single-Bar und gabelte einen Mann auf. Anfangs empfand sie es sehr aufregend, wieder als sexuelles Wesen behandelt zu werden. Mit der Zeit jedoch ließ der Reiz nach, und sie erkannte, daß sie mehr an einer dauerhaften Bindung als an Sex interessiert war.

Es gibt Menschen, die ganz anders auf eine Scheidung reagieren. Sie kapseln sich ab. Marilyn zum Beispiel war nach ihrer zweiten leidenschaftlichen und aufreibenden Ehe so sehr von Männern enttäuscht, daß sie sich entschloß, sich in Zukunft rar zu machen und unnahbar zu werden. Sie ließ sich auf keine Verabredung ein, sondern widmete sich ganz ihren Kindern, ihrer Arbeit und ihren Freundinnen. Sie wollte einfach niemanden kennenlernen.

Menschen, die der Auffassung sind, daß jeder nur auf Sex aus ist oder der/die Richtige überhaupt nicht an Sex interessiert ist, fragen sich oft: «Wie soll ich jemals jemanden kennenlernen, der sexuell zu mir paßt? Wo soll ich hingehen? Ich kann mich nicht amüsieren, ohne daß mein Gegenüber denkt, ich will ihn oder sie anmachen. Ich will Nähe und Intimität mit dem ‹Richtigen›, aber ich will nicht als ‹leicht zu haben› gelten und die Beziehung auf ein sexuelles Abenteuer reduzieren.» Der entgegengesetzte Typ, jemand, dem die sexuellen Erwartungen des Partners Unbehagen bereiten, läßt sich selten auf eine Beziehung ein. Falls Ihnen eine dieser Einstellungen vertraut ist, sollten Sie Orte meiden, wo sexuelle Erwartungen an Sie gestellt werden, und damit auch Druck und Enttäuschungen aus dem Weg gehen. Dieser Lebensstil hilft Ihnen nicht, den passenden Partner zu finden.

Die meisten Menschen wünschen sich ein erfülltes Sexualleben, aber nicht vorrangig. Sicherheit, freundschaftlicher Umgang und Ehrlichkeit werden weit höher bewertet.

Um die Wahrscheinlichkeit, den richtigen Partner zu finden, zu erhöhen, stellen Sie zunächst einmal Ihre persönlichen sexuellen Richtlinien auf. Überdenken Sie Ihre Wünsche und Vorstellungen, bevor Sie in eine unangenehme Situation geraten, die Ihnen eine spontane Entscheidung abverlangt.

Traum: Ich will, daß meine Freunde mich akzeptieren, wie ich bin.
  Innere Einstellung: Aber Ehepaare mögen es nicht, wenn Singles dabei sind.

Haben Sie schon einmal gehört, daß Paare ungern mit alleinstehenden Freunden zusammen sind, weil sie diese als Rivalen und als Versuchung für ihren Ehepartner empfinden? Paare, die so denken, haben selten Vertrauen zueinander. Sie fühlen sich unsicher und leiden unter Eifersucht, oder aber ihre Beziehung steht wirklich auf der Kippe.

Für Karen war es eine schmerzliche Erfahrung, als sie merkte, daß ihre verheirateten Freundinnen nach ihrer Scheidung auf Distanz gingen, weil sie dachten, sie würde mit ihren Männern flirten. «Meine Freundinnen waren nach meiner Scheidung wie ausgewechselt. Sie betrachteten mich nicht länger als eine der ihren. Sie empfanden mich als Feindin, als Bedrohung, als jemanden, vor dem man sich in acht nehmen muß. Ich interessiere mich nicht für ihre Männer. Ich will nur weiterhin eine gute Freundschaft.» Karen versuchte, sich in einen Kreis einzufügen, dem sie nicht mehr angehörte. Sie fühlte sich von ihren Freundinnen in ihrer neuen Situation im Stich gelassen, was sie nicht verstand. Es war schwer für sie, deren Ablehnung zu akzeptieren. Auch in anderen Situationen wurde sie zunehmend unsicherer.

Einigen Singles ist es unangenehm, mit jemandem befreundet zu sein, der verheiratet ist, weil sie meinen, ihr Interesse könnte mißverstanden werden. Wenn Sie genauso empfinden, sollten Sie sich überlegen, welche verheirateten Freunde Sie behalten wollen und welche Sie fallenlassen sollten. Wahre Freunde werden Sie weiterhin bei sich willkommen heißen, Sie unterstützen und bereit sein, Familie und Freunde mit Ihnen zu teilen. Möglicherweise lernen Sie durch sie sogar andere Singles kennen. Manche Menschen spielen gerne den Ehevermittler für ihre Freunde.

Eine weitere Folge dieser Einstellung ist das Unbehagen, der einzige Unverheiratete unter lauter Paaren zu sein, sich wie das ‹fünfte Rad am Wagen› vorzukommen. Um eine solche Situation zu vermeiden, nehmen manche Singles einen guten Freund zu einer Feier mit, bei der ‹Partnerzwang› herrscht. Andere wiederum finden es leichter, mit einem Paar ins Gespräch zu kommen, weil man sich nach dessen erster Begegnung erkundigen kann, nach der Ehe, den Kindern und so weiter. Wenn Sie Schwierigkeiten damit haben, allein unter Paaren zu sein, sollten Sie Ihre Gefühle einmal mit Freunden besprechen. Vielleicht stellt sich heraus, daß es ihnen überhaupt nichts ausmacht, Sie dabei zu haben, und nur Sie die Situation mißverstanden haben.

Übung: Wie Sie Ihre innere Einstellung in positive Bahnen lenken können.

Nicht jeder kennt den Konflikt zwischen Träumen und innerer Einstellung. Die folgende Übung ist für alle, die damit Probleme haben. Beantworten Sie auf einem Blatt Papier folgende Fragen:

❑ Wie sieht meine Traumvorstellung aus?
❑ Welche innere Einstellung läuft dieser zuwider?
❑ Wie schlägt dieser Konflikt sich in meinem Verhalten neuen Menschen gegenüber nieder?
❑ Wie kann ich mein Denken und meine Einstellung ändern, damit sie meinen Traum positiv beeinflussen?

Wann ist die Zeit reif?

Viele von uns neigen dazu, eine Abwehrhaltung einzunehmen, wenn etwas schiefläuft oder nur zu befürchten steht, es könnte etwas danebengehen. Abwehrmechanismen sind ein unbewußter Selbstschutz, um nicht verletzt oder abgelehnt zu werden und wieder allein dazustehen. Oft finden sie Ausdruck in irgendeiner Art von Rechtfertigung.

Menschen reagieren abwehrend, wenn ihr Traum von ihrer Grundeinstellung boykottiert wird. Obwohl sie sich ihren Traum erfüllen wollen, hält ihre innere Einstellung sie zurück und bewirkt sehr ambivalente Gefühle gegenüber ihrer Vorgehensweise.

Um mit diesem Widerspruch umgehen zu können, erfinden sie oft eine Schutzbehauptung, die ihr Dilemma rechtfertigt. Solche Erklärungen sind als ‹Zeitprobleme› bekannt.[16] Indem wir die Zeit für unser Nichthandeln verantwortlich machen, verschieben wir nur den Zeitpunkt, endlich die Initiative zu ergreifen, um den *richtigen* Partner kennenzulernen.

Einige beliebte Ausflüchte sind: «Ich kann erst jemanden kennenlernen, wenn ich zehn Kilo abgenommen habe. Erst müssen die Kinder groß sein. Erst muß ich mit meinem Studium fertig sein.» Auch folgende Erklärungen werden gern benutzt:

- ❏ «Ich würde schon gerne ausgehen, aber ich habe eigentlich *nie* Zeit.»
- ❏ «Ich habe keine Lust auf Verabredungen, weil ich doch *immer* nur auf den Falschen stoße.»
- ❏ «Es ist sowieso egal – *nachdem* wir uns nähergekommen sind, läuft immer irgendwas schief.»
- ❏ «Ich will mich auf nichts einlassen, *bevor* ich mir nicht eine finanzielle Grundlage geschaffen habe.»
- ❏ «Ich sage *immer* das Falsche.»
- ❏ «Ich hätte mich *beinahe* verliebt, doch dann erfuhr ich, daß er/sie verheiratet war.»

Menschen, die zu solchen ‹Zeit-Ausflüchten› («nie», «immer», «nachdem», «bevor», «beinahe»...) greifen, warten meist auf ein Wunder. Sie benutzen Zeit als Vorwand, um einem Versagen vorzubeugen – unabhängig von den jeweiligen sich widersprechenden Träumen und Einstellungen. Der innere Widerstreit hindert sie daran, sich zu einer Entscheidung durchzuringen und sie in die Tat umzusetzen.

Um herauszufinden, welche Ausflüchte Sie benutzen, vervollständigen Sie bitte folgende Aussagen, und beziehen Sie sich dabei auf die Phase des Kennenlernens:

> «Ich... nie
> «Beinahe... ich
> «Ich... immer
> «Bevor ich...
> «Nachdem ich...

Wenn Sie Ihre Zeit-Ausflüchte erkannt haben, werden Ihnen die Barrieren bewußter, die Sie davon abhalten, eine erfolgversprechende Beziehung einzugehen. Mit dieser Erkenntnis können Sie versuchen, eine positive und hoffnungsvolle Haltung anzustreben. Von einengenden Einstellungen und Zeit-Ausflüchten befreit, werden Sie die Initiative ergreifen und auf andere Menschen zugehen.

Der erste Eindruck

Neue Menschen kennenzulernen, muß nicht schwerfallen. Wir alle treffen in unserem Leben mit unzähligen Menschen zusammen. Allerdings ist der erste Eindruck entscheidend; er bestimmt, ob man sich näherkommt, ob man sich attraktiv findet und wie man sich weiter verhält. Es gibt einige Untersuchungen über den ersten Eindruck, die bestätigen, was allgemein angenommen wird:

❑ Der erste Eindruck wird durch die Informationen beeinflußt, die man schon vor einer Begegnung über eine Person hat.

❑ Wir nehmen negative Informationen wichtiger als positive.

❑ Der Name eines Menschen trägt zu seiner Einschätzung bei.

❑ Eine angenehme Umgebung erhöht die Attraktivität einer Person.

❑ Die persönliche Neigung, seine Mitmenschen eher positiv oder negativ zu beurteilen, beeinflußt den ersten Eindruck stark.

❑ Wenn man sich wohl fühlt, fällt der erste Eindruck wohlwollender aus.[17]

Der erste Eindruck kann bereits darüber entscheiden, ob sich eine Beziehung anläßt. Haben Sie nicht schon einmal Ihren Blick durch einen Raum voller Menschen schweifen lassen und gewußt, daß der eine oder die andere Sie interessieren würde? Positive erste Eindrücke können ein Auslöser sein, auf jemanden zuzugehen – sei es das Leuchten in ihren Augen, ihre Art, sich zu bewegen, oder die Weise, wie er spricht. Bei Jesse war es folgendermaßen: «Als ich Meryl auf der Tanzfläche entdeckte, bahnte ich mir einen Weg zu ihr. Ich wußte, auf sie hatte ich gewartet. Ich war überhaupt nicht überrascht, als sie auch auf mich zukam. Es war, als wären unsere Bewegungen ganz aufeinander abgestimmt, wie einstudiert. Als wir voreinander standen, sah ich sie an und sagte: ‹Mir gefällt, wie du tanzt.› Dann küßte ich sie auf die Wange und stellte mich vor. Das hatte ich vorher noch nie gemacht, aber ich war so bezaubert von ihr. Es war, als wären wir jenseits von Raum und Zeit.» Meryl erinnert sich auch noch an jenen Moment. Sie wußte vom ersten Augenblick an, als sie Jesse sah, daß er in ihrem Leben eine wichtige Rolle spielen würde. Ihre erste Begegnung war so intensiv, daß sie fast übersinnlich wirkte; es war etwas, was man nicht in Worte fassen konnte.

Für die meisten Menschen ist der erste Eindruck nicht so ein weltbewegendes Ereignis. Weder erklingen Hochzeitsglocken, noch explodieren Feuerwerkskörper. Dennoch besteht ein Gefühl der Übereinstimmung, eine gemeinsame Einstellung zum Leben, die sich im Laufe der Zeit zu einer festen Bindung entwickelt.

Übung: Was weckt Ihr Interesse?

Schließen Sie einen Moment lang die Augen, und durchleben Sie in Ihrer Phantasie die Situation, jemandem vorgestellt zu werden. Worauf achten Sie als erstes? Legen Sie Wert auf Nationalität, Alter, Kleidung, Größe, Körperbau, Gesichtszüge, Haarfarbe? Legen Sie größeren Wert auf Aussehen oder auf Persönlichkeit? Zieht Sie jemand an, der gesellig oder ruhig ist, unabhängig oder bedürftig? Erstellen Sie zwei Listen: 1. Was zieht mich an? 2. Was ist mir egal?

Äußere Erscheinung,
Attraktivität und innere Einstellung

Äußere Erscheinung und Attraktivität haben einen großen Einfluß auf den ersten Eindruck und bestimmen, wie Menschen aufeinander reagieren. Schönheitsideale sind abhängig von der Zeit, in der wir leben, und der Umgebung, in der wir aufwachsen. In manchen Kulturräumen – und früheren Epochen – zum Beispiel gelten üppige Frauen als äußerst attraktiv. In unserer westlichen Gesellschaft hingegen streben Frauen danach, schlank zu sein.

Fast jeder Mensch möchte vorteilhaft aussehen. Deswegen werden jedes Jahr Millionenbeträge für Werbung ausgegeben, um zum Kauf von Kosmetika, Kleidung und Gesundheitsprodukten zu animieren. Vor allem Frauen fühlen sich unter starkem gesellschaftlichem Druck, von Fernsehen, Funk und anderen Medien verstärkt, ihr Äußeres dem gängigen Schönheitsideal anzupassen.

Tatsächlich jedoch gibt es Menschen in allen möglichen Größen und Formen, die keineswegs die Mode tragen können, die gerade ‹in› ist. Die meisten Menschen versuchen dennoch, jeden modischen Trend mitzumachen, um als attraktiv zu gelten. Ist es erstrebenswert, groß zu sein, tragen viele Frauen extrem hohe Absätze. Gepolsterte BHs waren ein Hilfsmittel in den fünfziger Jahren, als ein großer Busen sexy war; plastische Chirurgie wurde zur Brustverkleinerung in Erwägung gezogen, als große Brüste aus der Mode kamen. Offensichtlich ist es wenig sinnvoll, jede Saison einem neuen Look nachzueifern, vor allem, wenn damit größere finanzielle Ausgaben, Zeit und Energie verbunden sind. Versuchen Sie realistisch einzuschätzen, was Sie verändern können und was nicht. Wenn zierliche Frauen ‹in› sind und Sie 1,75 m groß sind, haben Sie wenig Möglichkeit, auf das derzeitige Schönheitsideal zu schrumpfen. Sich die eigenen Vorzüge und Mängel einzugestehen, wird Ihnen helfen, ein besseres Körpergefühl und damit mehr Selbstvertrauen zu entwickeln; wenn Sie akzeptieren, was nicht zu ändern ist, werden Sie motivierter sein, auf das eine oder andere Ziel hinzuarbeiten, das erreichbar ist.

Meist wird erwartet, daß ein Mensch sich seinem Aussehen entsprechend verhält. In den Medien werden vorzugsweise schöne

Menschen mit idealem Wesen gezeigt. Einer Untersuchung zufolge werden sogenannte schöne Menschen oft als intelligenter, leidenschaftlicher und erfolgreicher eingestuft.[18] Manche Menschen glauben, daß kleine Männer einen Minderwertigkeitskomplex haben und Frauen mit Brillen intellektuell sind. Von einem großen Mann wird erwartet, daß er keine Schwäche zeigt, während eine kleine Frau sich hilflos zu geben hat. Vor allem schöne Frauen stellen oft fest, daß andere nur ihre Schönheit wahrnehmen. Susanna erzählte: «Viele meiner Bekannten erwarteten, daß ich einfach gut aussah, ohne viel zu reden. Aber ich wollte einen Mann kennenlernen, der mich genug schätzte, um unter die Oberfläche zu sehen, einen Mann, der sich für mich als Person interessierte.»

Wie auch immer das gängige Schönheitsideal aussehen mag, wenn der äußeren Erscheinung zuviel Wert beigemessen wird, so können die inneren Qualitäten eines Menschen nicht zum Vorschein kommen. Manche Menschen urteilen vorschnell aufgrund ihres ersten Eindrucks und halten ihr Leben lang daran fest. Andere sind eher bereit, mit der Zeit ihre Meinung zu revidieren. Dies ist gewöhnlich der Fall, wenn man sich besser kennenlernt und in der Lage ist, auch Züge zu entdecken, die unter der Oberfläche verborgen sind.

Übung: Welche Signale senden Sie aus?

Denken Sie an die letzten drei Gelegenheiten, bei denen Sie neue Leute kennenlernten. Welchen Eindruck vermittelten Sie? Welche Signale gehen gewöhnlich von Ihnen aus — von Ihrer Körperhaltung, Ihrem Gesichtsausdruck, Ihrer Kleidung, dem Ton Ihrer Stimme, den Gesprächsthemen, die Sie wählen…? Notieren Sie bitte, was Ihnen hierzu einfällt.

Würden Sie gern anders auf Menschen wirken, die Ihnen zum erstenmal begegnen? Wenn ja, was müssen Sie tun, um diese Veränderung herbeizuführen?

Wenn Sie unglücklich über Ihr Aussehen sind, sollten Sie überlegen, ob Sie daran arbeiten wollen, es zu verändern. Zunächst sollten Sie Ihr jetziges Spiegelbild einer eingehenden Prüfung unterziehen und sich dann fragen, wie Sie in Zukunft aussehen wollen. Dabei sollten Sie so objektiv wie möglich vorgehen. Danach entscheiden Sie, was im einzelnen zu tun ist, um Ihr Äußeres zu verschönern. Ist eine Diät nötig, eine neue Garderobe, etwas sportliche Betätigung, eine andere Frisur, ein Besuch bei der Kosmetikerin?

Für die meisten Menschen kommen Schlanksein und körperliche Ertüchtigung an erster Stelle. Manch einer ißt mehr in Streßsituationen, aus Langeweile, Deprimiertheit oder allgemeiner Unlust. Wenn dies für Sie zutrifft, sollten Sie es als Fingerzeig verstehen, Ihre Lebensgewohnheiten zu ändern. Sie können abnehmen, wenn Sie es wirklich wollen und wenn Sie sich dabei Zeit lassen. Haben Sie etwas Geduld.

Denken Sie daran, sich nicht an anderen zu messen, wenn Sie Ihr Äußeres verändern wollen. Statt dessen sollten Sie sich fragen: «Habe ich das Optimale für meinen Typ erreicht? Achte ich auch genug auf mein Aussehen, pflege ich es?» Bei jedem Schritt ist es wichtig, daß Sie sich selbst dazu beglückwünschen, daß Sie etwas unternommen haben, sei es nun eine kleinere oder eine größere Veränderung.

Obwohl vieles nicht auf den ersten Blick sichtbar ist, vieles, das Sie nicht mit Ihrem Aussehen ausdrücken können, liegt es bei Ihnen, einen ersten Eindruck zu vermitteln, der am ehesten dem Bild entspricht, das Sie von sich haben. Menschen, die mehr Wert auf ihr Äußeres legen, haben größere Chancen, anderen aufzufallen.

Unterschwellige Botschaften

Manchmal halten Menschen Distanz aus Angst vor den Erwartungen, die in einer engeren Beziehung an sie gestellt werden können. Ihre innere Einstellung ruft ein bestimmtes Verhalten hervor, das sich nachhaltig auf die Begegnung mit zukünftigen Partnern auswirkt. Jim zum Beispiel wollte keine feste Beziehung eingehen, weil es ihm nicht gefiel, daß jemand sein Leben kontrollierte. «Warum soll ich mir vorschreiben lassen, was ich zu tun habe? Ich will meine Freiheit nicht aufgeben. Und außerdem, wer weiß, was für komische Angewohnheiten jemand anderes hat. Allein fühl ich mich wohler.»

Menschen, die behaupten, sie seien nicht attraktiv, was immer sie auch unternehmen, senden oft subtile Signale aus, die andere auf Distanz halten. Dies geschieht durch einen herablassenden Blick oder einen mißtrauischen Gesichtsausdruck, durch eine kritische Bemerkung oder gleichgültige Gelassenheit. Andere überhäufen ihre Mitmenschen mit einer Fülle guter Ratschläge und schrecken dadurch potentielle Partner ab. Wieder andere vermitteln einen positiven ersten Eindruck, verhalten sich aber dann so unselbständig und belastend für den anderen – oder besitzergreifend und fordernd –, daß sie am Ende wieder allein dastehen.

Sam beschwerte sich, daß die Frauen, mit denen er sich traf, aus seinem Leben verschwanden, sobald sie ihn näher kennenlernten. Nachdem er sein eigenes Verhalten hinterfragt hatte, fiel ihm auf, daß er anfangs immer sehr charmant war, sich aber schon nach kurzer Zeit an seine jeweilige Partnerin klammerte und ihr unablässig vorjammerte, wie schwer sein Leben sei. Ständig fragte er sie um Rat, befolgte aber nie einen. Nach einer Weile wurden seine Freundinnen seiner überdrüssig und verließen ihn.

Übung: Schrecken Sie Menschen ab?

Stellen Sie sich ein paar Freunde vor, die sich über Sie unterhalten. Wie würden sie Sie beschreiben? Welche Eigenschaften würden sie nennen, wenn sie Ihnen einen Partner aussuchen wollten?

Wenn sie kritisch wären, was würden sie über Ihre Art sagen, andere Menschen kennenzulernen? Vielleicht würden sie sagen, Sie redeten zuviel und hörten nie zu. Oder vielleicht würden sie sagen, Sie erwarteten zuviel von anderen Menschen. Vielleicht sind sie auch der Meinung, Sie seien zu herrschsüchtig oder zu nachlässig. Oder aber sie würden behaupten, Sie seien in Gesprächen zu oberflächlich, redeten nur über Ihre Arbeit oder Politik und nie über sich selbst. Was, glauben Sie, würden Ihre Freunde sagen?

Von diesen Meinungen ausgehend, gibt es eine Veränderung, die

Sie für sich anstreben? Wenn ja, nennen Sie ein oder zwei Dinge, mit denen Sie sofort beginnen könnten.

Seien Sie ehrlich bei Ihren Antworten. Machen Sie sich bewußt, was Sie bereits über sich selbst wissen, gehen Sie damit die anstehenden Probleme an, und entwerfen Sie Lösungsvorschläge, die zu einem für Sie zufriedenstellenden Ergebnis führen.

Die falsche Person, die unpassende Gelegenheit oder der falsche Ort?

Jeder Mensch möchte auf seinen Idealpartner attraktiv wirken, doch manchmal trifft man auf den Falschen: jemanden, der entweder zu rational oder zu emotional ist, zu ernst oder zu oberflächlich, zu fordernd oder passiv. Auf wen man attraktiv wirkt, hängt davon ab, welche Signale man – unbewußt – aussendet.

Jeannette, eine sehr aktive, verantwortungsbewußte und attraktive Frau, klagte darüber, daß fast jeder Mann, den sie kennenlernte, sie irgendwann anmachte – selbst ihr Arzt, ihr Rechtsanwalt, ihre Lehrer und «jede Menge verheirateter Männer». Sie selbst sah sich als Intellektuelle und starke Persönlichkeit. Sie wußte, daß sie gerne beobachtet wurde, war jedoch diese Art der Aufmerksamkeit leid. Ihre Freundinnen wiesen sie darauf hin, daß sie durch tief ausgeschnittene Kleider und ihren scherzhaft flirtenden Ton im Umgang mit Männern ihre Sexualität zur Schau stellte. Sie dachte über diese Bemerkungen nach, kam zu dem Schluß, daß es stimmte, und nahm einige Veränderungen vor. Sie kleidete sich ein wenig konservativer und verhielt sich etwas zurückhaltender und fand, daß Männer sie nun respektvoller behandelten.

Manche Menschen fühlen sich zur falschen Person hingezogen, weil sie irrtümlicherweise glauben, diese verändern zu können. Belinda fand Männer interessant, die stark und ruhig wirkten. Sie war von ihrer Stärke beeindruckt und hoffte insgeheim, unter der rauhen Schale einen verletzbaren kleinen Jungen zu finden. In ihrer Therapie erfuhr sie, daß sie sich gewöhnlich von Männern angezogen fühlte, die ihrem Vater ähnelten, die ebenso unnahbar und gleichgültig waren wie er. Sie wünschte sich Zärtlichkeit, was sie sich auch von ihrem Vater erträumt hatte. Jetzt mit 43 Jahren, nach zwei gescheiterten Ehen und mit einem Kind, lernte sie, aus diesen Verhaltensmustern auszubrechen.

Wenn Menschen sich immer wieder von der falschen Person angezogen fühlen, liegt es meist daran, daß sie Vergangenes verarbeiten und sich für ein schwieriges, problembeladenes Verhältnis mit einem oder beiden Elternteilen entschädigen wollen. Diese Menschen glauben, daß, ganz gleich, mit wem sie gerade zusammen sind, es irgendwo einen idealeren Partner geben muß. Sie müssen sich ernsthaft mit ihren Motiven auseinandersetzen und verstehen, daß ein Partner keine Vergangenheitsbewältigung leisten kann, sondern nur sie allein.

Andere ziehen die falschen Personen an, weil sie an den falschen Orten suchen. In Bars und Diskotheken etwa ergeben sich Kontakte hauptsächlich aufgrund von Aussehen, Kontaktfreudigkeit und sexuellen Phantasien. Meist handelt es sich um oberflächliche Begegnungen und Flirts. Da Alkohol Hemmungen abbaut, muß die Spontaneität, die Sie bei anderen beobachten, nicht unbedingt echt sein, sondern kann vorübergehend aufgesetzt sein. Ein weiteres Problem ist die Angst vor AIDS, Herpes und vor einem Lebensstil, der aus unbefriedigenden sexuellen Abenteuern besteht.

Flirts im Büro sind ebenfalls üblich. Obwohl Sie es sich vielleicht nicht vorstellen können, dort auf Ihren Partner zu treffen, kann es trotzdem der Fall sein. Die Nähe, die entsteht, wenn man tagaus, tagein mit derselben Person zusammen arbeitet, bietet geeigneten Nährboden für eine Beziehung.

Büroflirts können zum Altar führen, aber auch ins Unglück. Geht die Beziehung in die Brüche, so kann es unangenehm sein, weiterhin gemeinsam am selben Ort zu arbeiten. Angela zum Beispiel lernte bei ihrer Arbeit als Krankenschwester in einer großen Klinik einen Arzt kennen. Nachdem sie sich eine Weile kannten, stellte sie fest, daß er nicht ihr Typ war, und wollte sich von ihm trennen. Er jedoch wollte an der Beziehung festhalten. Schließlich erklärte sie ihm unmißverständlich, daß Schluß sei – was ihren Umgang im Berufsalltag äußerst erschwerte.

Seien Sie vorsichtig, bevor Sie Ihr Herz verschenken, ein Büro kann zur reinsten Gerüchteküche werden.

Haben Sie keine Angst, sich über den anderen zu erkundigen. Finden Sie soviel wie möglich heraus. Trauen Sie Ihren Gefühlen, wenn Ihnen etwas mißbehagt oder Sie dieser Person mißtrauen. Denken Sie daran, Sie schützen sich selbst und Ihre Arbeit.

Wie und wo man mögliche Partner kennenlernen kann

Haben Sie schon einmal Paare danach gefragt, wo sie sich kennengelernt haben? Manchmal sind die Antworten überraschend, ein andermal recht alltäglich: auf einem Maskenball, am Strand, beim Volleyball, beim Zahnarzt, auf einer Auktion, bei sich zu Hause. Da Singles in unserer Gesellschaft älter und reifer geworden sind, suchen sie nach möglichen Partnern an ungewöhnlicheren Orten und auf direkterem Weg.

Sie müssen sich etwas einfallen lassen und vielleicht auch einmal etwas riskieren, um sich Gelegenheiten zu schaffen, neue Leute kennenzulernen. Es genügt nicht, darauf zu warten, daß sich etwas ergibt. Sie müssen unter Menschen gehen, damit jeder sieht, daß es Sie gibt. Sie sollten einen Plan aufstellen und ihn Ihren Bedürfnissen entsprechend Schritt für Schritt befolgen. Hierzu noch einige Hinweise, die Sie beachten sollten:

Verschaffen Sie sich die Möglichkeit, andere Menschen kennenzulernen.
Manche Menschen sind von Natur aus unternehmungslustig. Aufgrund ihrer zahlreichen Aktivitäten haben sie keine Probleme, neue Leute kennenzulernen. Anderen hingegen fällt es schwer. Sie klagen darüber, daß nach einem vollen Arbeitstag, dem Hin- und Herfahren, der Kocherei und anderen Hausarbeiten zu wenig Zeit und Energie übrig bleibt, um noch etwas zu unternehmen. Oder es ist ihnen unangenehm, sich in Gesellschaft zu begeben; die Vorstellung, nicht zu wissen, wie man ein Gespräch beginnt, macht ihnen angst, sie sind verunsichert und eingeschüchtert. Sie müssen sich entschließen, Zeit einzuplanen oder Gelegenheiten zu schaffen, um andere Menschen zu treffen. Erkundigen Sie sich über Aktivitäten

für Singles an Ihrem Wohnort. Halten Sie in der Zeitung nach Veranstaltungen Ausschau, wie Konzerte, Workshops, Vorträge, Ausflüge usw. Informieren Sie sich über Lokale und Kneipen, wo Singles wie Sie gerne hingehen. Dann nehmen Sie Ihren Mut zusammen, und ziehen Sie los. Je öfter Sie sich aufraffen, desto entspannter und selbstsicherer fühlen Sie sich.

Teilen Sie sich Ihre Zeit ein, und unternehmen Sie regelmäßig etwas. Haben Sie sich einmal entschieden, was Sie unternehmen wollen, dann tun Sie es regelmäßig. Es wird Ihnen helfen, einen bestimmten Plan einzuhalten, Sie werden so immer wieder dieselben Personen treffen und leichter mit einem vertrauten Gesicht ein Gespräch anknüpfen können – sei es regelmäßig beim Frühstück um 7.30 Uhr im selben Café oder beim Joggen um 6 Uhr immer denselben Weg entlang, beim Tennis- oder Golfspielen jeden Samstag um acht oder in der Kirche jeden Sonntag um neun. Sie werden Ihre Umgebung kennen und sofort jeden Neuankömmling ausfindig machen. Trifft man regelmäßig dieselben Menschen, so ist die Chance größer, daß sich daraus eine Freundschaft oder Liebesbeziehung entwickelt. Carol spielte jeden Freitagabend Tennis. Nach einigen Wochen kannte sie die meisten anderen Spieler. Danach gingen sie oft noch etwas trinken, und wie es der Zufall wollte, saß sie meist neben demselben Mann. Eines Abends verabredete er sich mit ihr.

Bedienen Sie sich Ihres Freundeskreises.
Erzählen Sie Ihren Freunden, daß Sie deren Freunde kennenlernen wollen. Gemeinschaftliche Unternehmungen wie zum Beispiel Grillfeste, Wandertouren, Geburtstagsfeiern oder Familientreffen sind oft lustig und sorgen für Überraschungen. Wenn Ihre Freunde Ihnen jemanden vorstellen, der zwar ganz in Ordnung, aber nicht der Richtige für Sie ist, haben Sie Geduld – vielleicht hat diese Person ihrerseits einen Freund bzw. eine Freundin nach Ihrem Geschmack! Wenn Sie lieber zu Hause bleiben, laden Sie Ihre Freunde zu einer Party ein, und sagen Sie ihnen, sie sollen ein paar Freunde mitbringen, die Sie noch nicht kennen. Wie beim Schneeballsystem kann es passieren, daß einer Ihrer Freunde mit Ihrem Traumpartner zur Tür hereinspaziert. Denken Sie daran, daß Ihre Freunde als Vermittler fungieren und nach möglichen Partnern Ausschau halten können.

Fangen Sie etwas an, was Ihnen Spaß macht.

Oft lernt man Gleichgesinnte kennen, wenn man einer Freizeitbe-
schäftigung nachgeht, die einem Spaß macht. Man ist dann eher
man selbst und braucht keine Fassade aufzusetzen. Es fällt auch
leichter, einen Fremden anzusprechen, weil man sofort ein gemeinsames Thema hat. Alan zum Beispiel ging oft am Strand spazieren,
beobachtete die Vögel und träumte vor sich hin. Hin und wieder
unterhielt er sich mit anderen, die wie er am Strand entlangschlen-
derten. Eines Tages lernte er eine Meeresbiologin kennen. Sie spra-
chen über eine Untersuchung über Umweltschäden, an der sie
gerade arbeitete. Danach trafen sie sich häufig auf ihren Spaziergän-
gen, und allmählich entwickelte sich daraus eine Freundschaft, die
in eine Ehe mündete.

Fortbildungskurse sind ein idealer Treffpunkt.

Abendkurse, Wochenendseminare, Konferenzen und Vorträge bieten gute Chancen, einen Menschen mit ähnlichen Interessen kennenzulernen. Durch den vorgegebenen Rahmen und die Notwendigkeit, mit anderen in Kontakt zu treten, üben Fortbildungskurse
auf viele Menschen eine große Anziehung aus. Peter und Judy zum
Beispiel studierten gemeinsam Jura. Sie verbrachten Stunden in der
Bibliothek, um Fälle nachzulesen und darüber zu diskutieren.
Durch diese alltäglichen Treffen wurden sie zunächst Freunde und
verliebten sich später ineinander. Beiden schien es natürlich, daß
sich aus diesem rein intellektuellen Verhältnis eine Liebesbeziehung
entwickelte.

Annoncieren Sie.

Eine Anzeige aufzugeben, wurde früher als Akt der Verzweiflung
gewertet, aber immer mehr Menschen merken, daß es funktioniert.
(Es muß nur ein einziges Mal klappen, und schon war es den Auf-
wand wert!) Einer Untersuchung zufolge hatten die Anzeigen den
größten Erfolg, die die Interessen und persönlichen Ziele des Inse-
renten hervorhoben und weniger die Ansprüche an die gesuchte
Person.[19] Weniger erfolgreich sind solche, die nur Erwartungen und
Forderungen an den Leser stellen. Sollten Sie sich zu einer Annonce
entschließen, so ist dies nicht der Ort, die eigene Wunschliste unter-
zubringen. Ist Ihnen die Vorstellung, eine unbekannte Person treffen

zu müssen, unbehaglich, so bietet sich eine Verabredung im Café am ehesten an, die Hemmschwelle zu überwinden.

Heiratsinstitute, die mit Video arbeiten, sind eine weitere Möglichkeit, jemanden kennenzulernen. Sie ermöglichen eine bessere Darstellung als eine persönliche Anzeige. Bei einer solchen Agentur wird Ihnen ein Album vorgelegt, mit Fotos und einer kurzen Beschreibung der Hobbies und Interessen des einzelnen. Interessieren Sie sich näher für den einen oder die andere, so zeigt man Ihnen Videoclips von einem Interview mit der jeweiligen Person.

Diese Personen werden dann eingeladen, sich wiederum einen Videoclip von Ihnen anzuschauen. Haben sie ihrerseits an Ihnen Interesse, so erhalten sie Ihre Telefonnummer. Wenngleich mit Unsicherheit verbunden, so bieten Video-Agenturen doch größere Absicherung als private Anzeigen. Ob Sie erfolgreich sind, hängt von der Seriosität des Unternehmens und Ihrer eigenen Bereitschaft ab, mit einem Fremden Kontakt aufzunehmen.

Seien Sie stets Neuem gegenüber aufgeschlossen.
Denken Sie daran, Sie können Ihren Traumpartner jederzeit und an jedem Ort treffen. Tatsächlich geschieht es oft, daß jemand seinen Traumpartner trifft, wenn er am wenigsten damit rechnet. Beim Herumstöbern in einem Buchladen, beim Schlendern durch eine Kunstgalerie, beim Warten an der Autowaschanlage kann Sie jemand in ein Gespräch verwickeln, das es wert ist, weitergeführt zu werden. Ein Supermarkt in New Jersey versuchte aus dem Wunsch nach einem sicheren Treffpunkt Kapital zu schlagen und warb mit einem «Abend für Singles»: «Jeden Dienstagabend kommen hier etwa 2000 Männer und Frauen mit Namensschildchen zusammen und beäugen einander neugierig zwischen Brokkoli und Putzmitteln, in der Hoffnung, daß sich in den Gängen eine wundersame Begegnung ereignet, die schließlich vor dem Traualtar endet.» Eine gehobenere Variante bietet das Smithsonian Institute in Washington, D. C., an, das an bestimmten Abenden eine gleiche Anzahl von männlichen und weiblichen Singles einlädt, um bei Champagner und Canapés über japanische Technologie und moderne amerikanische Kunst zu diskutieren.[20]

Haben Sie immer ein paar Floskeln parat, um ein Gespräch zu beginnen.

Hochtrabende, weltbewegende Reden müssen nicht sein. Sie können auch auf jemanden zugehen, indem Sie beiläufige Bemerkungen gebrauchen wie zum Beispiel:

«Hallo, ich heiße...

«Hallo, ich würde Sie gerne kennenlernen, weil...

«Hallo, mir ist aufgefallen, daß Sie da ein Buch in der Hand halten, das ich kenne...

«Hallo, Sie erinnern mich an...

«Hallo, als ich Sie sah, war ich...

«Entschuldigen Sie, könnten Sie mir wohl helfen...

«Hallo, interessieren Sie sich für...

Floskeln wie diese sind praktisch, wenn wirklich die richtige Person auftaucht. Haben Sie gelernt, Menschen in ein Gespräch zu verwickeln, werden Sie bald Experte darin sein, den ersten Kontakt zu knüpfen.

Entspannen Sie sich, und genießen Sie die Unterhaltung.

Freuen Sie sich, Menschen kennenzulernen, auch wenn nicht die Person dabei ist, die Sie suchen. Machen Sie sich keine unnötigen Gedanken darüber, wie sich ein Gespräch entwickeln könnte oder was Sie sagen könnten, wenn Sie angesprochen werden. Ständig darüber nachzudenken, was man sagt, führt zu Nervosität und Unbeholfenheit. Um das zu vermeiden, denken Sie daran, daß nicht jede Begegnung ideal verlaufen und in eine Ehe münden muß.

Vielleicht sind Sie gelassener, wenn Sie sich bewußt machen, daß die meisten Menschen gerne über sich oder Dinge, die ihnen Spaß machen, reden. Stellen Sie Ihren neuen Bekanntschaften Fragen, und Sie werden feststellen, wie bereitwillig sie über ihre Ideen und Gefühle sprechen.

Natürlich kann das auch für Sie zutreffen. Sie müssen nicht gleich beim erstenmal Ihre geheimsten Sehnsüchte preisgeben, aber trauen Sie sich, von sich selbst, Ihrem Leben und Ihren Vorstellungen zu erzählen.

Um eine Unterhaltung noch mehr zu genießen, gestehen Sie sich zu, über Nebensächlichkeiten zu plaudern, ohne das Gefühl zu haben, Zeit zu verschwenden. Diese Art Zeitvertreib hat eine gesellschaftliche Funktion.

Da Sie nicht steuern und vorhersehen können, was ein anderer sagen wird, können Sie sich ebensogut entspannen und das Gespräch genießen. Selbst wenn Sie hin und wieder über ein Wort oder einen Gedanken stolpern, so wird Ihre Spontaneität und Ihr Interesse an einem anderen Thema dies wieder wettmachen.

Vor allem, denken Sie positiv, und seien Sie natürlich!

4 Die Phase des Kennenlernens

«Ich bin oft genug verletzt worden und habe deshalb Angst. Aber ich möchte mich nicht länger verstecken. Ich möchte tanzen. Ich möchte leben. Ich bin bereit, endlich bin ich bereit, jemanden kennenzulernen.»

«Es gab Phasen in meinem Leben, da war es mir ziemlich egal, mit wem ich ausging. Hauptsache, ich unternahm etwas und hatte meinen Spaß. Mir war mein eigenes Vergnügen an einem solchen Abend wichtiger als die Person, mit der ich zusammen war. Trotzdem wußte ich, daß ich früher oder später jemand Besonderem begegnen würde. Jetzt ist es geschehen, und es ist wunderbar!»

«Als ich die ersten Male ausging, versuchte ich verzweifelt, meiner jeweiligen Partnerin zu gefallen. Als das nicht klappte, spielte ich den Unnahbaren. Dann versuchte ich, ungezwungen und selbstsicher aufzutreten, gab mich sogar herrisch und bestimmend. Schließlich merkte ich, daß es am besten ist, wenn ich versuche, ich selbst zu sein.»

Verschiedene Motive, jemanden kennenlernen zu wollen

Jemandem zu begegnen, den man interessant findet, ist nur der erste Schritt; sich bei weiteren Verabredungen besser kennenzulernen, der zweite. Wenn wir uns ungestört miteinander unterhalten, gemeinsam etwas unternehmen, mit Freunden und Verwandten zusammen sind, erfahren wir eine Menge übereinander, auch über unsere gegenseitigen Launen und Marotten. Wenn sich die Beziehung vertieft, werden wir auch Enttäuschungen und Konflikte erleben. Das ist natürlich und gehört zur normalen Entwicklung einer Partnerschaft.

Es gibt viele Gründe, jemanden kennenlernen zu wollen: der

Wunsch nach Vergnügen und Abwechslung, nach angenehmer Gesellschaft, nach Freundschaft, Sex oder einem festen Partner. In diesem Kapitel werden Sie mit den verschiedenen Persönlichkeitstypen, die Ihnen begegnen können, vertraut gemacht: Stars im Rampenlicht, gute Seelen und Kuschelbären, unverbesserliche Romantiker, Manager und lässige Liebhaber.

Außerdem werden Sie die geläufigsten Verhaltensmuster kennenlernen, die man in dieser ersten Phase an den Tag legt. Wahrscheinlich werden Sie dabei bestimmte Personen und bestimmte Verhaltensweisen wiedererkennen. Das Wissen um die verschiedenen Typen und Strategien wird Sie in die Lage versetzen, ungünstige Situationen zu vermeiden und Ihre Beziehungen harmonischer zu gestalten. Es wird Ihnen die Phase des Kennenlernens und den Entscheidungsprozeß erleichtern.

Die Suche nach Vergnügen und Abwechslung

Manche Menschen suchen in ihren Beziehungen nur Spaß und Abwechslung. Sie sind an einer ernsthaften Beziehung nicht interessiert. Sie möchten keine Freundschaften, die sich zu dauerhaften Bindungen entwickeln. Sie möchten am Strand entlang joggen, Fahrradtouren unternehmen, in einen guten Film oder ein Konzert gehen oder eine aufregende Party geben.

Bert erklärte seine Haltung folgendermaßen: «Ich habe am liebsten mehrere Freundinnen. Mit einer gehe ich tanzen, mit einer anderen Skilaufen, mit einer anderen tauchen, und mit wieder einer anderen kann ich mich gut unterhalten. Alles, was ich im Moment will, ist, mich amüsieren. Ich mache meine Absichten von Anfang an klar. Ich will keine feste Beziehung, und ich will auch niemandem weh tun.»

Die Suche nach einem Lückenbüßer

Manche Menschen verabreden sich um der Annehmlichkeit willen. Sie haben vielleicht Theaterkarten und wollen nicht allein hingehen. Sie sind vielleicht bei ihrem Chef zum Abendessen eingeladen und sollen jemanden mitbringen. Deshalb fragen sie jemanden, der in den Kreis paßt. Vielleicht suchen sie einen Partner für ein Tennismatch oder jemanden, mit dem sie vor ihren Freunden angeben können. Freunde bitten sie vielleicht, sich als Begleitung für eine Verwandte oder einen Geschäftskollegen einen Abend lang zur Verfügung zu stellen.

Viele Singles verabreden sich aus solch pragmatischen Gründen, weil sie sich unter ihren verheirateten Freunden nicht wohl fühlen. Marcy schilderte ihre Gründe, sich mit Robert zu treffen, folgendermaßen: «Ich finde es ganz natürlich, mit Robert auszugehen. So habe ich jemanden, mit dem ich gemeinsam etwas unternehmen kann, vor allem auch, weil sich meine verheirateten Freunde anscheinend wohler fühlen, wenn ich jemanden mitbringe. Ich will weder eine heftige Romanze noch eine ernsthafte Beziehung.»

Die Suche nach Gesellschaft

Manche Menschen verabreden sich am liebsten mit Menschen, zu denen sie ein freundschaftliches, ja fast geschwisterliches Verhältnis haben. Die Freundschaft ist durch gegenseitiges Vertrauen und Verständnis geprägt, durch gemeinsame Interessen und Unternehmungen, durch gemeinsame Gespräche und Pläne. Manche möchten darüber hinaus keine engere Bindung eingehen, andere schon.

Don zum Beispiel möchte seine Freundschaft nicht weiter vertiefen: «Ich hab mich eine Zeitlang mit mehreren Frauen getroffen. Aber bald hatte ich keine Lust mehr, mich auf ihre verschiedenen Launen einzustellen und mir zu merken, was jede von ihnen gerne mochte. Ich wollte nichts weiter als eine Frau, mit der ich mich regelmäßig treffen und amüsieren konnte, und die dieselben Interessen hatte wie ich. Diana ist eine gute Freundin. Wir arbeiten zusammen und gehen zusammen Bowling spielen. Wir sehen uns schon seit mehr als acht Jahren regelmäßig. Ich will sie nicht heiraten, und das weiß sie auch. Sie würde sich schon auf mehr einlassen. Aber zwischen uns läuft es nach meinen Spielregeln, und bis jetzt hat sie sich daran gehalten.»

Art vertritt eine andere Position: «Ich hab bei meinen Freunden beobachtet, wie sie eine Liebesgeschichte nach der andern erlebten. Leidenschaft vergeht, aber eine Freundschaft bleibt bestehen. Ich verabrede mich nur mit Frauen, die wissen, was Freundschaft bedeutet. Wenn ich mal heirate, dann wird es nur eine solche Freundin sein.»

Die Suche nach Sex

Sexuelle Befriedigung ist ein weiterer wichtiger Grund, weshalb man jemanden kennenlernen möchte. Wir sehnen uns nach körperlicher Nähe, möchten berühren und berührt werden, umarmen und umarmt werden, küssen und geküßt werden, und oft werden dabei sexuelle Energien frei. Die schönste sexuelle Erfahrung ist die von beiden gewünschte emotionale *und* körperliche Erfüllung.

Leider kommt es auch vor, daß man sich sexuell ausnutzt. Einer wird vom anderen zu Sex überredet oder verführt. Oder gleich beim ersten Treffen wird Sex mit der unterschwelligen Drohung erpreßt: «Glaub nicht, daß wir uns wiedersehen, wenn du nicht mit mir schläfst.»

Sexuelle Freizügigkeit, die große Welle der sechziger und siebziger Jahre, ist in den Achtzigern verebbt. Mit den Möglichkeiten zur Empfängnisverhütung wie der Pille wurde Sex zum Freizeitsport. Aber mit der Ausbreitung von Herpes und AIDS sind die Menschen wieder vorsichtiger geworden. Darüber hinaus haben viele entdeckt, daß sexuelle Abenteuer das Leben nicht unbedingt bereichern. Sie komplizieren die Beziehungen auch häufig oder führen in eine Sackgasse, wo die Beziehungen oberflächlich und unbefriedigend sind. Auf eine aufregende Nacht voller Erotik oder eine Reihe von leidenschaftlichen Hotelnächten folgen sehr leicht Ernüchterung und Langeweile. Sex um des Sex willen führt nicht automatisch zu einer guten Beziehung.

Unsere Einstellung zu Sex kann eine Beziehung fördern oder aber belasten. Wenn sie zu freizügig ist, kann es passieren, daß wir nicht nein sagen können, wenn wir es möchten. Wenn sie zu rigide ist, kann sie uns daran hindern, unserem Partner körperlich nahe zu sein, und unsere natürlichen sexuellen Bedürfnisse können zur Qual werden. Mit einer gesunden sexuellen Einstellung können wir es genießen, die erotischen Seiten einer Beziehung mit dem richtigen Partner zu erforschen. Nur dann wissen wir, was uns guttut. Eine gesunde sexuelle Grundeinstellung wird uns helfen, unseren Weg durch das Labyrinth sexueller Möglichkeiten und Entscheidungen zu finden.

Die Suche nach seelischer Kompensation

Es gibt Menschen, die jemanden suchen, der ihre psychischen Defizite kompensiert und ihnen das gibt, was sie in anderen Beziehungen vermißt haben. Ein passiver Mensch sucht vielleicht jemanden, der stark und unabhängig ist und alle Entscheidungen trifft. Jemand, der nach Liebe und Geborgenheit hungert, sucht vielleicht jemanden, der fürsorglich und liebevoll die Mutter- oder Vaterrolle spielt. Ein mißtrauischer Mensch sucht sich vielleicht einen Einzelgänger, der keine Nähe wünscht.

Louise schätzte die Sicherheit und Geborgenheit, die ihr Freund ihr vermittelte: «Charles ist das älteste Kind in seiner Familie. Er hat sich immer um seine jüngeren Geschwister gekümmert. Immer, wenn wir zusammen ausgehen, umsorgt er mich ganz liebevoll. Ich fühle mich sicher, wenn ich mit ihm zusammen bin. Ich muß mir um nichts Gedanken machen. Noch nie hat sich jemand wirklich um mich gekümmert, und deshalb ist es schön, daß ich ihn habe.»

Die Suche nach einem Partner fürs Leben

Menschen, die einen Partner fürs Leben suchen, sind im allgemeinen nicht daran interessiert, ihre Zeit zu verschwenden und sich im Kreis zu drehen, indem sie sich immer wieder auf die falschen Partner einlassen. Sie wählen mit Bedacht und überlegen sich gut, wo sie hingehen, um jemanden kennenzulernen.

Für sie ist es wichtig, herauszufinden, wie ihr Partner *wirklich* ist. Sie geben sich nicht mit dem ersten Eindruck zufrieden und wollen hinter die Fassade schauen. Sie möchten die Lebensziele, Träume und Einstellungen des anderen kennenlernen und vor allem erfahren, ob ihre Werte übereinstimmen. Menschen, die sich beispielsweise für bestimmte Sportarten, für Politik, für ihren Beruf oder religiöse Fragen interessieren, wünschen sich häufig Partner mit denselben Interessen. Also suchen sie sie auf einer Sportveranstaltung, einer politischen Versammlung, einer Geschäftskonferenz oder in einem religiösen Kreis.

Diejenigen, die einen Lebenspartner suchen, können bei ihren Verabredungen beobachten, wie der andere mit den verschiedensten Situationen umgeht. Sie erfahren, wie der andere Probleme löst, seine Gedanken ausdrückt, Zärtlichkeit und Zuneigung zeigt und sogar mit Konflikten umgeht. Herauszufinden, wie er sich zu anderen Menschen oder in Streßsituationen verhält, gibt beiden die Möglichkeit zu entscheiden, ob sie die Beziehung vertiefen wollen oder nicht. Wenn sie miteinander schlafen, können sie erfahren, ob ihre sexuellen Bedürfnisse und Vorstellungen harmonieren.

Ihre Gründe, jemanden kennenlernen zu wollen, können sich von Zeit zu Zeit verändern, so wie sich Ihre Lebensumstände und Ihre Partner verändern. Sie werden in jedem Fall jemanden suchen, der mit Ihnen in den wesentlichen Dingen harmoniert. Um das herauszufinden, sollte man mit dem anderen darüber sprechen. Teilen Sie dem anderen mit, warum Sie gerne mit ihr oder ihm zusammen sind. Fragen Sie den anderen nach seiner oder ihrer Vorstellung, was die Partnersuche angeht. Ein solches Gespräch kann Ihnen Aufschluß darüber geben, in welche Richtung sich die Beziehung entwickeln wird.

Persönlichkeitstypen und Verhaltensstrategien

Menschen ziehen sich auf verschiedene Weise an und gehen mit ihrem Partner unterschiedlich um. Ihr persönlicher Stil und ihre Herangehensweise bestimmen häufig, wie erfolgreich das erste Rendezvous, die Phase des Kennenlernens und die Partnerschaft verlaufen. Obwohl jeder Mensch einmalig ist, neigen wir doch dazu, in bestimmten Situationen ähnlich zu reagieren.

Es gibt eine Reihe von Persönlichkeitstypen, denen Sie auf Ihrer Partnersuche begegnen werden. Natürlich werden einige Sie mehr anziehen als andere. Es kommt vor, daß man den Persönlichkeitstyp nicht gleich erkennt, weil man so auf den eigenen Traum vom Idealpartner fixiert oder so eingenommen von den eigenen Vorstellungen ist. Um den richtigen Partner zu finden, müssen wir erkennen, welcher Typ uns liegt, und danach bewußt unsere Wahl treffen.

Jeder Persönlichkeitstyp hat seine Stärken, dennoch sind in jedem von uns Anlagen vorhanden, die, wenn extrem ausgebildet, bestimmte Verhaltensmechanismen hervorrufen.[21] Egal welcher Persönlichkeitstyp, jeder von uns läßt sich hin und wieder zu psychologischen Spielchen hinreißen. Solche zwischenmenschlichen Spiele bestehen aus einer Reihe vorhersagbarer Handlungen und Reaktionen, die schließlich zur Unzufriedenheit eines oder beider Beteiligten führen. Man greift auf ein solches Verhaltensmuster zurück, wenn man nicht offen seine Bedürfnisse äußern kann. Es ist immer der indirekte, oft unbewußte Versuch, etwas zu bekommen, was wir wollen oder brauchen.[22] Diese Spiele können manchmal harmlose, lediglich lästige Begleiterscheinungen einer Beziehung sein; sie können aber auch heftig und destruktiv werden.

Manche Menschen verfallen nicht in dieses Verhaltensmuster. Sie gehen die Beziehung freimütig und fair an, indem sie offen und ehrlich im Gespräch sind und sich über ihre Bedürfnisse, Wünsche und Motive im klaren sind. Andere schlittern unversehens in ein unweigerlich frustrierendes Verhaltensmuster hinein, wenn sie sich unter Erwartungsdruck fühlen, wenn sich die Beziehung zu schnell entwickelt, zu intensiv wird oder wenn etwas anders verläuft als erwartet. Manche verfallen sogar in mehrere Verhaltensmuster, was die Beziehung ziemlich durcheinanderbringt.

Im folgenden werden die häufigsten Persönlichkeitstypen und die Verhaltensmuster, zu denen sie am ehesten neigen, beschrieben. Wenn Sie dies lesen, denken Sie daran, daß ein bestimmtes Verhalten nicht nur auf einen Persönlichkeitstyp beschränkt ist – es steckt in jedem von uns –, doch werden Sie wahrscheinlich gewisse Verhaltensmuster bei ganz gewissen Persönlichkeitsstrukturen gehäuft beobachten. Darüber hinaus geben wir Ihnen praktische Anregungen, wie Sie im Vorfeld solche Spielchen vermeiden können oder wie Sie dagegen angehen können, nachdem Sie sie erkannt haben. Wenn Sie diese geläufigsten Beziehungsmuster verstehen, werden Sie auch sich selbst und Ihre möglichen Partner besser verstehen lernen. Die folgenden Typen und Strategien stellen nur eine Auswahl dar, da eine vollständige Darstellung den Rahmen dieses Buchs sprengen würde:

Der Persönlichkeitstyp:	Sein Verhaltensmuster:
❏ Star im Rampenlicht	❏ Die Rolle des/der Unnahbaren
❏ gute Seele und Kuschelbär	❏ Die Rolle des/der Unentschlossenen
❏ unverbesserliche/r Romantiker/in	❏ Die Rolle des/der Eifersüchtigen
❏ lässige/r Liebhaber/in	❏ Die Rolle des/der Gleichgültigen
❏ Manager/in	❏ Die Rolle des/der Beherrschenden

Star im Rampenlicht

Diese Menschen fühlen sich wichtig und empfinden sich als etwas Besonderes. Erfolg, Schönheit, Prestige oder Liebe beschäftigen sie ständig. Sie stehen gerne im Mittelpunkt und genießen Bewunderung. Wie Stars im Rampenlicht brauchen sie ein Publikum. Sie erwarten, daß man sie verehrt, ihnen Komplimente macht, und sind verärgert, wenn man es nicht tut.

Stars sind sehr anspruchsvoll und wählerisch, wenn es um Beziehungen geht. Sie wünschen sich einen Partner, der höchste Ansprüche befriedigt, und lassen sich, wenn irgend möglich, auf kein Mittelmaß ein. Sie suchen sich gerne Partner, mit denen sie in der Öffentlichkeit Eindruck machen können, und deshalb ist ihnen das Äußere ihres Partners meistens sehr wichtig. Sie können anderen gegenüber sehr kritisch sein, und es ist schwer, es ihnen recht zu machen. Sie erwarten häufig, daß man seine Vorzüge erst einmal unter Beweis stellt. Sie wirken gleichgültig und arrogant, weil sie anderen gerne die Initiative im Gespräch überlassen und nur nett und höflich antworten. Sie fühlen sich zu Partnern hingezogen, die sie bewundern und in ihnen außergewöhnliche und schwer zugängliche Menschen sehen.

William zum Beispiel ist ein Mann, den niemand auch nur im Traum «Bill» nennen würde. Er trägt den Namen seines Vaters und Großvaters und hängt gerne eine römische III an seinen Namen. Er spricht mit Vorliebe über seine Familiengeschichte. Er ist viel in der Welt herumgekommen und hat eine gute Bildung genossen. Da er wohlhabend und deshalb eine gute Partie ist, wird er oft auf Dinnerparties eingeladen, wo man ihn dann mit der besten Freundin der Gastgeberin bekannt macht. Sobald er jedoch auf so einer Party ist, entpuppt sich William als relativ unnahbarer Mensch. Er sagt immer das Richtige zum richtigen Zeitpunkt und ist zuvorkommend, aber es ist unmöglich, herauszufinden, was sich hinter seiner höflichen Fassade verbirgt. Dies empfinden viele Frauen als anziehend und als Herausforderung.

Die Rolle des / der Unnahbaren

Manche Menschen sind schwer zu durchschauen und auch schwer zufriedenzustellen – wie die Stars im Rampenlicht. Anfangs findet man sie geheimnisvoll und faszinierend. Man fühlt sich von ihrer Unnahbarkeit angezogen und herausgefordert. Andere möchten ihnen dienen und unterwerfen sich ihren Launen mit einem ununterbrochenen: «Ja, Liebes» und «Sofort, mein Lieber». Aber sobald sie eine Beziehung eingegangen sind, werden Stars oft fordernd. Da sie immer im Mittelpunkt stehen müssen, neigen sie zu egozentrischem, eifersüchtigem oder ignorantem Verhalten, vor allem, wenn anderen zuviel Aufmerksamkeit gewidmet wird. Da sie weder bereit sind, den Partner genauso wichtig zu nehmen wie sich selbst, noch dazu in der Lage, den Wert einer vertrauensvollen, innigen Beziehung zu erkennen, werden sie wahrscheinlich früher oder später wieder allein sein.

Wenn Sie mit einem Menschen zusammen sind, der den Unnahbaren spielt, können Sie die Situation verbessern, wenn Sie:

❏ nicht auf seine / ihre Fassade hereinfallen,
❏ Ihr Selbstwertgefühl aufrechterhalten,
❏ freundlich und aufmerksam sind, ohne sich zu erniedrigen,
❏ Ihren Standpunkt klar vertreten und nicht davon abgehen oder sich einschüchtern lassen.

Wenn Sie sich selbst als Star einschätzen und dazu neigen, niemanden an sich herankommen zu lassen, hindern Sie sich womöglich daran, eine gute Beziehung aufzubauen. Erwägen Sie die folgenden Empfehlungen:

❑ Lernen Sie, andere Handlungsweisen zu akzeptieren und anzuerkennen.

❑ Lassen Sie Ihren Partner auch mal im Mittelpunkt stehen.

❑ Versuchen Sie, sich anderen Menschen gegenüber zu öffnen.

❑ Nehmen Sie sich vor, mit Ihrem Partner über Ihre Zweifel und Ihre Träume zu sprechen, damit sie/er Sie besser kennenlernt und verstehen kann, was Sie im Innern bewegt.

❑ Überlassen Sie anderen die Initiative, vor allem, wenn Sie gemeinsam etwas unternehmen.

❑ Lernen Sie, «es tut mir leid» zu sagen, und meinen Sie es ernst.

Gute Seele und Kuschelbär

Gute Seelen und Kuschelbären sind höfliche, aufmerksame, freundliche und liebenswerte Menschen. Sie geben sich Mühe und wollen nur das Beste. Sie strahlen Geborgenheit und Ausgeglichenheit aus. Mit dieser Art von Mensch ist man gerne zusammen, auch wenn er oder sie vielleicht ein wenig gleichmütig und dickfellig ist. Manche bleiben gern zu Hause und lesen oder widmen sich ihren Hobbies, andere unternehmen lieber ausgedehnte Ausflüge und gehen auf Parties. Sie wiegen häufig zehn Kilo zuviel – genau richtig zum Drücken und Ankuscheln.

Gute Seelen und Kuschelbären sind in der Regel sehr verantwortungsbewußt und neigen dazu, den Partner zu bemuttern. Sie fühlen sich unwohl, wenn sie nichts zu tun haben, und am wohlsten, wenn sie für andere sorgen können. Sie regen oft Gespräche an und können Fremde durch ihre herzliche Art sofort integrieren. Sie versuchen stets, die richtige Person zur richtigen Zeit am richtigen Ort zu sein. Sie sind schnelle Denker und verfügen über ein hohes Maß an Intuition, die es ihnen ermöglicht, anderen Menschen Stimmungen und Gedanken am Gesicht abzulesen und nonverbale Signale aufzufangen. Wenn ihre Partner unglücklich sind, versuchen sie sofort zu helfen. Sie sind sehr verständnisvoll und mitfühlend; wenn etwas schiefgeht, sind sie gerne bereit, die Schuld auf sich zu nehmen. Wenn sie streiten, können sie schnell aufbrausen und sich im nächsten Moment schon wieder entschuldigen. Sie sind nicht nachtragend.

Connie ist so eine gute Seele. Sie ist recht attraktiv, obwohl sie sich schlicht kleidet und kaum schminkt. Sie geht jeden Morgen vor der

Arbeit in einen Aerobic-Kurs. Sie hat nicht viele Freunde, aber die wenigen, die sie hat, kennt sie schon sehr lange. Ihre Freunde schütten ihr oft das Herz aus. Sie hört zu und gibt Ratschläge, die selten vor den Kopf stoßen und sich in der Regel auf ‹abwarten und Tee trinken› beschränken. Hin und wieder geht sie aus. Sie ist dann zwar gesprächig, aber nie laut oder ausgelassen, als fürchte sie, sie könne etwas Falsches tun oder sagen. Meistens interessieren sich ruhige, selbstsichere Männer für sie, die auf ihre warmherzige, fürsorgliche und unaufdringliche Art ansprechen.

Ben ist ein Kuschelbär. Man nennt ihn oft den «lieben Ben», und er ist, im wahrsten Sinne des Wortes, ein liebenswerter Mensch. Er hat für jeden ein freundliches Wort übrig und ist immer gut gelaunt und optimistisch. Er arbeitet hart, läßt sich aber nicht von beruflichem Ehrgeiz auffressen. Sein Lebensrhythmus ist ausgeglichen – nicht zu schnell, nicht zu langsam. Er hält sich stets auf dem laufenden, so daß er jederzeit anregende Gespräche führen kann. Er pflegt einen unprätentiösen Lebensstil, geht gerne in dieselben Restaurants und benutzt dieselben, vertrauten Wege. Frauen gegenüber ist er der vollendete Kavalier. Er möchte ihnen jedes Hindernis aus dem Weg räumen und würde es sogar mit einem Ungeheuer aufnehmen, um die Angebetete zu erretten. Seine Ritterlichkeit führt meistens zum Erfolg.

Die Rolle des/der Unentschlossenen

Fürsorglichen Menschen (wie den guten Seelen und den Kuschelbären) fällt es oft schwer zu entscheiden, was sie eigentlich selber wollen, weil sie so damit beschäftigt sind, die Bedürfnisse anderer zu befriedigen. Doch auch sie erleben Situationen, wo sie sich entscheiden müssen, und das ist ihr großes Problem.

Die Rolle des Unentschlossenen spielen Menschen, die mehrere Partner zugleich haben oder sich verlieben, während sie noch verheiratet sind. Aus dem Bedürfnis heraus, es jedem recht machen zu wollen und keinen zu verletzen, fühlen sie sich zwischen zwei Partnern hin- und hergerissen und denken: «Was passiert, wenn ich mich falsch entscheide, wenn es schiefläuft und ich nicht glücklich werde? Dann stehe ich alleine da. Dieses Risiko kann ich doch nicht eingehen. Außerdem will ich niemandem weh tun. Ich bin ein guter

Mensch, und ich gebe mir doch wirklich Mühe, die richtige Lösung für uns alle zu finden. Ich wünschte, die anderen würden ein bißchen mehr Geduld haben.» Diese Menschen quälen sich mit einer Entscheidung lange herum. Je mehr sie unter Druck gesetzt werden, desto unfähiger sind sie, sich zu entscheiden; sie sind verwirrt und fühlen sich in die Enge getrieben. Je länger sie zögern, desto schuldbewußter und deprimierter sind sie. Wenn schließlich jemand eine Entscheidung verlangt, ringen sie sich durch oder geben auf und beenden die Beziehung. Egal, wie sie sich entscheiden, sie sind unzufrieden damit.

Wenn Sie mit jemandem zusammen sind, der sich nicht für die Beziehung entscheiden kann:

❏ Fällen Sie Ihre eigene Entscheidung. Überlassen Sie sie nicht Ihrem Partner.

❏ Setzen Sie ein Datum fest, an dem *Sie* eine Entscheidung treffen werden, sollte Ihr Partner bis dahin nicht gehandelt und einen Entschluß gefaßt haben.

❏ Fragen Sie Ihren Partner, worauf er oder sie eigentlich wartet.

❏ Nehmen wir an, Ihr Partner kann sich nicht für Sie entscheiden. Werden Sie sich klar darüber, ob Sie diese Entscheidungsunwilligkeit noch länger ertragen wollen oder ob Sie so darunter leiden, daß Sie die Beziehung lieber beenden.

Wenn Sie selbst eine gute Seele oder ein Kuschelbär sind und sich nicht (für oder gegen jemanden) entscheiden können:

❏ Suchen Sie die Gründe für Ihre Unwilligkeit zu handeln. Sie könnten eine Warnung sein, die Sie beachten sollten.

❏ Seien Sie zur Offenheit bereit, und spielen Sie nicht die Mimose.

❏ Setzen Sie sich eine Frist.

❏ Schaffen Sie sich die unwichtigen Fragen vom Hals, damit Sie sich den wichtigen zuwenden können.

Unverbesserliche Romantiker

Manche Menschen sind im Grunde ihres Herzens Romantiker, auch wenn sie nach außen hin wie Realisten wirken. Sie sind ständig darum bemüht, sich eine heile Welt zu schaffen. Sie haben gewöhnlich viel Energie und Willenskraft, ihren Zielen nachzugehen. Wenn sie einen Freund oder eine Freundin haben, verbringen sie viel Zeit damit, sich auf jede Begegnung so vorzubereiten, daß sie zu einem unvergeßlichen Erlebnis wird. Die Vorfreude erhöht das Glück.

Unverbesserliche Romantiker wünschen sich eine ausschließliche Beziehung und haben das starke Bedürfnis, für den anderen etwas ganz Besonderes darzustellen. Wenn sie auf den richtigen Menschen treffen, sind sie über beide Ohren verliebt. Sie haben sich trotz der Narben vergangener Enttäuschungen einen tief verwurzelten Optimismus erhalten. Ihre Liebesbeziehung hat bei ihnen höchste Priorität, und sie sind bereit, jedes Hindernis zu überwinden, das sich der Beziehung in den Weg stellen könnte.

Romantiker sind amüsant, umgänglich und impulsiv. Sie sind leidenschaftlich und schwärmerisch veranlagt, sinnlich und gefühlsbetont. Sie legen Wert auf Details, und auch Kleinigkeiten bedeuten ihnen viel. Wenn jemand die richtigen Worte gebraucht, beginnen Romantiker dahinzuschmelzen. Nach außen hin wirken sie unbeschwert und unabhängig, leiden im Innern jedoch unter Verlustängsten und sehnen sich danach, umsorgt zu werden. Sie sind deshalb auf ständige Liebesbeteuerungen des Partners angewiesen.

Roxanne ist eine unverbesserliche Romantikerin. Auf ihrem Rückflug von einer Geschäftsreise lernte sie Greg kennen und fühlte sich sofort zu ihm hingezogen. In der darauffolgenden Woche ging sie mit ihm zusammen essen, und sie verbrachten die halbe Nacht mit angeregten Gesprächen. Sie war überrascht, wie ungezwungen sie sich unterhalten konnten. Sie war begeistert von seiner Offenheit und seinem Interesse für andere Menschen. Es folgten weitere unbeschwerte Wochenenden und romantische Abende. Bald wurde Greg zum Mittelpunkt ihres Lebens, und ihre Freunde sahen sie nicht mehr ohne ihn. Romantisch wie sie war, rief sie oft bei ihm an und hinterließ witzige Mitteilungen auf seinem Anrufbeantworter oder schrieb ihm verliebte Kärtchen. Einmal überraschte sie ihn, indem sie ihm ein Dutzend roter Rosen ins Büro schickte. Sie wollte ihren Gefühlen Ausdruck verleihen und nicht die Unnahbare oder Gleichgültige spielen. Trotzdem versuchte sie die Beziehung realistisch zu sehen, um sich vor Enttäuschungen zu schützen. Doch in ihrem Innersten setzte sie große

Hoffnungen in die Partnerschaft. Obwohl sie sich gerade erst zwei Monate kannten, träumte sie schon von einer gemeinsamen Zukunft.

Unverbesserliche Romantiker lieben die Aufregung. Ihre Beziehungen sind daher meist intensiv und sehr emotional. Sie wünschen sich ein ausgefülltes, aufregendes Leben und durchlaufen alle Höhen und Tiefen, um ihre Liebe stets lebendig zu halten. In einem Streit können sie aufbrausend oder melodramatisch werden, dann mit einem Kuß alles vergeben und vergessen und so tun, als hätte es nie eine Auseinandersetzung gegeben. Sie sind in ihren Beziehungen sehr engagiert, sind sehr treu und haben den eisernen Willen, um die Beziehung zu kämpfen.

Die Rolle des / der Eifersüchtigen

Die Rolle, in die Romantiker am ehesten fallen, ist die des Eifersüchtigen. Eifersucht wurde lange als wichtiger Bestandteil romantischer Liebe betrachtet; in manchen Kulturen ist sie das heute noch. In den Vereinigten Staaten und anderen westlichen Ländern jedoch wird Eifersucht mittlerweile als kindisch und übertrieben empfunden. Statt dessen möchte man eine gewisse Unabhängigkeit genießen und nicht von Zweifeln an der Treue des Partners geplagt werden.

Eifersucht erwächst aus dem natürlichen Bedürfnis, für den Partner etwas Einzigartiges darzustellen und eine Beziehung zu haben, die andere Menschen ausschließt. Das Wort Eifersucht hat etwas mit Eifer zu tun, was bedeutet, daß man sehr in einer Sache engagiert ist. Eifersucht und Neid sind eng miteinander verwandt. Wenn wir eifersüchtig sind, werden wir zwar geliebt, fürchten aber, diese Liebe zu verlieren; wenn wir neidisch sind, werden wir nicht geliebt, wünschen es uns aber.

Es gibt viele Arten von Eifersucht. Meistens sind wir auf die Zuneigung oder die mögliche Anziehungskraft eines anderen Menschen eifersüchtig («Ich hab dich mit ihr flirten sehen!»). Oder wir sind auf die Zeit und die Aufmerksamkeit, die unser Partner anderen Menschen widmet, eifersüchtig («Du kümmerst dich mehr um deine Kinder als um mich!») oder auf die Zeit, die der Partner für andere Aktivitäten oder Interessen aufwendet («Dein Beruf ist dir wichtiger als ich!»). Ein gewisses Maß an Eifersucht ist normal. Viele sind ein wenig eifersüchtig, um sich ihrer gegenseitigen Liebe zu versichern, doch manche übertreiben es.

In einem emotionalen Machtkampf kann Eifersucht das Mittel sein, mit dem man den Partner zwingt, aufmerksamer, liebevoller, zärtlicher zu sein oder mehr emotionalen Rückhalt zu bieten. Man gebärdet sich eifersüchtig, um den anderen festzuhalten, als glaubte man, den Partner durch Ärger und Forderungen anketten zu können und zu verhindern, daß er/sie jemand anderen anguckt: «Ich kann dir nicht trauen, weil du willensschwach, flatterhaft und leichtgläubig bist und dich leicht verführen läßt. Und ich kann anderen Männern (Frauen) nicht trauen, die attraktiver und interessanter sind als ich. Sie sind hinterlistig und berechnend und wollen dich mir nur wegnehmen. Deshalb gib ihnen lieber erst gar keine Gelegenheit dazu!»

Eifersucht kann einem tiefsitzenden Minderwertigkeitsgefühl entspringen und der Angst, austauschbar zu sein. Sie kann die Reaktion auf eine reale Situation oder aber das Produkt unserer angestachelten Phantasie sein; in beiden Fällen kann sie sich zur fixen Idee steigern. Eigentlich ist extreme Eifersucht eine Form der Liebe, die außer Rand und Band geraten ist.

Wenn man seine Eifersucht nicht mehr unter Kontrolle hat, kommt es selbst bei Nichtigkeiten schon zu Überreaktionen, zu irrationalen und zornigen Ausbrüchen oder hysterischen Anfällen. Wenn Eifersüchtige explodieren, können sie mehr als wütend werden – sie können sich vergessen und den anderen verbal oder physisch malträtieren. Wenn der Partner schließlich genug hat und drauf und dran ist zu gehen, wird der eifersüchtige Partner mit Selbstmord drohen, um den anderen zum Bleiben und Nachgeben zu bewegen.

Wenn Ihr Partner sehr eifersüchtig ist und Sie das Gefühl haben, daß Ihre Beziehung darunter leidet, sollten Sie folgende Anregungen beachten:

❑ Stellen Sie gemeinsam Verhaltensregeln auf, an die Sie sich beide halten. Achten Sie darauf, daß Sie beide damit einverstanden sind. Akzeptieren Sie keine Einschränkungen Ihres Partners, die Sie nicht für richtig halten.

- ❏ Lassen Sie Ihren Partner an Ihren Freunden und Aktivitäten teilhaben.
- ❏ Begrenzen Sie die Anzahl der Liebesbeweise, die Sie täglich erbringen. Ihr Partner ist zwar unsicher und braucht Ihre Bestätigung, doch ein Übermaß wird seine/ihre Haltung nur verstärken.
- ❏ Vereinbaren Sie ein Signal, das Ihr Partner aussenden kann, wenn er/sie Ihren emotionalen Rückhalt braucht, ohne ihn über Eifersuchtsszenen erzwingen zu müssen.
- ❏ Lösen Sie sich zeitweise voneinander, wenn die Auseinandersetzungen zu heftig und häufig werden, und gehen Sie gemeinsam zu einer Partnerberatung.

Wenn Sie zu den unverbesserlichen Romantikern gehören, die zur Eifersucht neigen, und bereit sind, dieses Verhaltensmuster aufzubrechen, sollten Sie:

- ❏ sich über Ihre Erwartungen und Bedürfnisse klar werden und sie äußern. Einigen Sie sich mit Ihrem Partner darüber, welche Verhaltensweisen Ihnen beiden fair und akzeptabel erscheinen.
- ❏ Unternehmen Sie etwas, um Ihr Selbstwertgefühl zu steigern, und lernen Sie, anderen zu vertrauen. Auf diese Weise werden Sie sich nicht einbilden oder fürchten müssen, daß immer gleich das Schlimmste eintritt.
- ❏ Füllen Sie Ihr Leben mit mehr Aktivitäten und mehr Freundschaften an, gemeinsam mit Ihrem Partner, aber auch für sich allein. Schaffen Sie sich Ihren eigenen Bereich.
- ❏ Planen und genießen Sie regelmäßig ein romantisches Zusammensein, damit Sie es sich nicht erkämpfen müssen.

Lässige Liebhaber

Lässige Liebhaber/innen haben in der Regel ein gutes Verhältnis zu sich und ihrer Umgebung. Sie scheinen sich keine Sorgen darüber zu machen, ob sie jemanden kennenlernen. Solche Menschen haben ein gesundes Selbstvertrauen. Sie sind selbstsicher, zuverlässig, neuen Freundschaften gegenüber aufgeschlossen und unkompliziert im Umgang. Sie halten sich von Menschen fern, die sie bemuttern möchten. Sie haben einen Sinn für Romantik. Ihnen scheint alles in den Schoß zu fallen. In Liebesdingen lassen sich diese Menschen entspannt und gelassen von einer ‹Leben-und-leben-lassen-Philosophie› leiten: Jeder Topf findet seinen Deckel.

Egal wo Raymond auftaucht, er findet sich problemlos und sicher in eine neue Situation ein. Alles an ihm wirkt lässig, die Art, wie er läuft, spricht, sich kleidet, wie er auf Menschen zugeht. Er strahlt ein souveränes Selbstvertrauen aus: Wenn es passiert, passiert es, wenn nicht, dann eben beim nächstenmal. Er tanzt gerne und sieht gut aus. Er ist sich dessen bewußt, ist aber keineswegs eingebildet. Im Gegenteil, er wirkt anfangs sogar ein wenig schüchtern. Auf einer Party sieht man ihn häufig lachen und mit Fremden plaudern. Wenn eine Gitarre zur Hand ist, spielt er gerne ein paar beliebte Songs, und andere stoßen schnell dazu und singen mit. Er ist so umgänglich und zwanglos, daß man gerne und ohne Hemmungen auf ihn zugeht – und viele Frauen tun das auch.

Die Rolle des / der Gleichgültigen

Menschen, die unverkrampft und selbstsicher auftreten, sind angenehme Zeitgenossen und üben deshalb auf andere eine starke Anziehungskraft aus. Doch manche übertreiben es mit dieser Haltung. Sie sind so lässig und von sich eingenommen, daß ihnen die Zukunftsträume ihres Partners gleichgültig sind. Sie genießen den ersten Flirt, die ersten unverbindlichen Begegnungen, aber sobald ihr Partner Erwartungen an eine gemeinsame Zukunft stellt, treten Gleichgültigkeit und die Weigerung zutage, irgendeine dauerhafte Bindung einzugehen.

Wenn der Partner sich mit einer engen Freundschaft zufriedengibt, kann die Beziehung jahrelang für beide befriedigend verlaufen. Wenn der Partner aber mehr erwartet, wird sich der/die lässige Liebhaber/in wahrscheinlich mit einem resignierten Seufzer zurückziehen.

Wenn Sie mit jemandem zusammen sind, der die Beziehung nicht ernst genug nimmt, können Sie folgendes tun:

❑ Verschaffen Sie sich Klarheit über ihre/seine Lebensziele und Zukunftspläne und finden Sie heraus, ob sie/er eine verbindliche Beziehung eingehen will oder nicht.

❑ Bemühen Sie sich zusammen mit Ihrem Partner um ein besseres Verständnis Ihrer Gefühle und um mehr Toleranz.

❑ Lehren Sie ihn/sie, fürsorglicher zu sein.

❑ Warten Sie nicht zu lange. Wertvolle Zeit und andere mögliche Partner gehen Ihnen verloren.

Wenn Sie sich zu den lässigen Liebhaber/innen zählen, Sie sich Ihrer Fähigkeit, Ihr Leben zu meistern, sicher sind, aber Angst davor haben, sich zu binden, sollten Sie:

❑ herausfinden, ob Ihre Gleichgültigkeit mit Ihrem Partner zusammenhängt, oder mit einem allgemeinen Unwillen, eine dauerhafte Partnerschaft einzugehen.

❑ sich darüber klar sein, daß die meisten Menschen mehr erwarten und nicht das Gefühl haben wollen, daß mit ihnen gespielt wird. Gehen Sie sicher, daß Ihr Partner von Anfang an über Ihre Absichten und Ihre Grenzen Bescheid weiß.

❑ Haben Sie keine Angst davor, daß Sie wieder verletzt werden könnten. In jeder Beziehung machen wir schmerzvolle Erfahrungen, aber in einer guten Beziehung überwiegen die schönen Momente. Wagen Sie es, sich wieder emotional auf einen anderen Menschen einzulassen.

❑ Entwickeln Sie Ihre Träume von einer erfüllten Beziehung, und vertrauen Sie darauf, daß Sie es schaffen, wenn Sie es nur versuchen. Fassen Sie die Zukunft ins Auge.

Manager

Bestimmende Menschen, die sich am liebsten um alles selber kümmern, behaupten gerne von sich, daß sie objektiv, rational, willensstark und verläßlich sind. Sie sind ihren Werten verpflichtet und sind eigensinnig, wenn nicht gar stur. Ihr Verhalten basiert auf rationalen Beweggründen, und sie verlassen sich am liebsten nur auf sich selbst. Aufgrund ihrer hohen Ansprüche und ihrer Einsatzbereitschaft können sie andere inspirieren. Sie erwarten von anderen, daß sie entweder unabhängig sind oder sich anpassen, und werden ihren Partner zu höheren Leistungen anspornen. Da sie erfolgsorientiert denken und handeln, gelangen sie oft zu Ansehen und Macht.

Viele dieser Menschen sind offen und direkt. Sie verschwenden nur ungern ihre Zeit und reißen oft die Dinge an sich. Sie versuchen, Probleme und Schwierigkeiten zu vermeiden. Da sie oft die Rolle des Anführers spielen, ziehen sie Partner an, die ihre Willensstärke und ihren nüchternen Verstand bewundern.

David neigt dazu, alles selbst in die Hand zu nehmen. Als er zum Schöffen berufen wurde, war er auch bald der Vorsitzende des Schöffengerichts. Bei einem Firmenpicknick ist er derjenige, der koordiniert und organisiert. Auf einer Party steht er im Mittelpunkt der Aufmerksamkeit. Wenn er auf Frauen zugeht, sind sie oft geschmeichelt und reagieren interessiert. Und wenn er einmal allein ausgeht, versuchen Frauen, ihn auf sich aufmerksam zu machen.

Viele Manager-Typen erwarten, daß alles nach ihren Vorstellungen verläuft. Im Innern fürchten sie jedoch, die Kontrolle über die Situation zu verlieren. Sie stürzen sich gerne in ihre Arbeit und sind Perfektionisten. Vergnügungen und zwischenmenschliche Beziehungen kommen erst an zweiter Stelle. Selbst am Wochenende, wenn ihre Partner sich entspannen, müssen sie produktiv sein. Sie brauchen immer einen triftigen Grund, um sich ausruhen zu können.

Sie drücken nur ganz wenigen, nahen Menschen gegenüber Gefühle von Zuneigung und Zärtlichkeit aus. Doch selbst von diesen Menschen erwarten sie Loyalität und Unterordnung. Wenn sie angegriffen werden, verschließen sie sich, ziehen sich in ihr Schneckenhaus zurück und lassen andere über ihre Gefühle im unklaren. Da es ihnen meist an Gespür für die Gefühle anderer und die Probleme, die sie mit ihrer abweisenden Haltung verursachen, mangelt, schätzt man sie als kalt und gefühllos oder herrisch ein. Wenn man ihr Verhalten kritisiert, holen sie zum Gegenangriff aus und wollen beweisen, daß sie im Recht sind.

Menschen, die zuviel Kontrolle ausüben wollen, suchen sich gerne Partner aus, die sie dominieren können, die zu allem ja sagen und sich unterordnen. Oder sie wählen jemanden, der ihrem rigiden Wesen entgegengesetzt ist, jemand, der das Leben locker angeht, der weiß, wie man sich amüsiert und der umgänglich ist. Manchmal suchen sie sich auch jemanden, der ihnen ähnlich ist, der ebenfalls die Führungsrolle übernehmen will, der nach Perfektion strebt und der sich mit einer genau festgelegten, intellektuellen Beziehung zufriedengibt. Die Manager-Typen werden Partner anziehen, die sich nach der Stärke, dem Organisationstalent und der Sicherheit sehnen, die sie ausstrahlen.

Die Rolle des/der Beherrschenden

Jemand, der sich anfänglich zu einem Manager-Typ hingezogen fühlt und sich bei ihm sicher und aufgehoben wähnt, wird bald der Selbstgerechtigkeit und Sturheit des Partners überdrüssig werden. Normalerweise wird man zunächst versuchen, es dem Partner recht zu machen und von ihm anerkannt zu werden. Nach einer Weile jedoch wird man immer emotionaler handeln, um der sachlichen, rationalen Selbstkontrolle des Manager-Typs entgegenzuwirken. Um die starre Haltung aufzubrechen, wird man vielleicht versuchen, den Partner dazu zu bewegen, Urlaub zu machen, über Persönliches zu sprechen, seine/ihre Gefühle zu zeigen, sich zu entspannen und ähnliches. Aber das muß nicht immer funktionieren. Und so wird der Partner schließlich das Interesse verlieren und sich nach romantischeren Begegnungen sehnen.

Wenn Sie mit jemandem zusammen sind, der immer alles unter Kontrolle haben muß, gibt es verschiedene Maßnahmen, die die Situation verändern können:

❑ Sorgen Sie dafür, daß Sie feste Zeiten nur für sich beide allein haben und nicht über berufliche oder familiäre Angelegenheiten reden, sondern gemeinsam träumen, scherzen, flirten, spielen können.

❑ Einigen Sie sich darauf, häufige, kurze Gespräche zu führen, anstatt lange, intensive.

❑ Verlangen Sie, daß man Ihre Gefühle, Ansichten und Einstellungen respektiert.

❑ Lehren Sie Ihren Partner, die eigenen Gefühle und die der anderen zu erkennen und auch unterschwellige Gefühlsäußerungen wahrzunehmen. Bestärken Sie Ihren Partner jedesmal, wenn er/sie offen positive Gefühle artikuliert.

Wenn Sie beherrschend und kontrolliert sind, nehmen Sie sich folgende Anregungen zu Herzen:

☐ Lernen Sie, die Gefühle und Meinungen anderer zu respektieren. Sie müssen nicht immer das letzte Wort haben.

☐ Akzeptieren Sie, daß Ihr Partner anders denkt, fühlt und handelt als Sie und daß die Sichtweise Ihres Partners genauso berechtigt ist wie Ihre.

☐ Versuchen Sie über Ihre Gefühle zu reden, vor allem über Ihre Zweifel und Unzulänglichkeiten.

☐ Lernen Sie, ehrlich gemeinte Komplimente zu machen. Nörgeln Sie nicht an anderen herum, und wenn Sie es doch einmal tun, entschuldigen Sie sich, und meinen Sie es auch ernst.

☐ Übergeben Sie anderen einmal das Kommando, besonders wenn Sie etwas Schönes unternehmen.

☐ Lernen Sie, sich zu entspannen, sei es durch Biofeedback, durch Meditation, lange Spaziergänge oder beruhigende Musik.

Übung: Ihr persönlicher Stil

Nachdem Sie jetzt verschiedene Persönlichkeitstypen und Verhaltensmuster kennengelernt haben, erinnern Sie sich an Ihre ehemaligen Partner.

Schreiben Sie die Namen auf eine Liste. Welchem Persönlichkeitstyp entsprachen sie? Benutzen Sie die vorgestellten Typen, oder erfinden Sie eigene.

Schauen Sie sich jetzt die Liste an, und überlegen Sie, ob Sie ein bestimmtes System entdecken können:

☐ Neigen Sie dazu, sich immer denselben Persönlichkeitstyp auszusuchen oder eher verschiedene?

☐ Hat sich Ihr Geschmack im Laufe der Zeit verändert?

☐ Wie sieht Ihr eigener Persönlichkeitstyp und Ihr Verhalten in Beziehungen aus? Hat sich mit der Zeit daran etwas verändert?

☐ Welcher Persönlichkeitstyp spricht Sie heute am meisten an? Warum?

Übung: Durchschauen Sie Ihre Verhaltensmuster

Listen Sie noch einmal Ihre ehemaligen Partner auf. Schreiben Sie neben jeden Namen das Beziehungsmuster, das Sie aufgebaut haben.

❏ Neigen Sie dazu, bei unterschiedlichen Partnern stets dasselbe Verhaltensmuster an den Tag zu legen, oder lösen unterschiedliche Persönlichkeitstypen auch unterschiedliche Verhaltensweisen bei Ihnen aus?
❏ Welche Verhaltensmuster haben Sie mittlerweile abgebaut, und welche werden sich möglicherweise in zukünftigen Beziehungen herausbilden?
❏ Welche Bedürfnisse werden Ihrer Meinung nach nicht befriedigt, so daß Sie in bestimmte Verhaltensmuster fallen? Wie können Sie erreichen, daß diese Bedürfnisse befriedigt werden?

Ordnen Sie jedem Ihrer Verhaltensmuster die unbefriedigten Bedürfnisse zu und gleichzeitig eine Möglichkeit, sie zu befriedigen.

Die typischen Beziehungsmuster zu umgehen, ist nicht immer einfach, aber die Mühe lohnt sich. Es kommt darauf an, daß Sie sich und dem Partner klarmachen, was Sie wollen und wie diese Erwartungen Ihr Verhalten beeinflussen. Wenn Sie sich nicht wohl fühlen, nehmen Sie sich Zeit, und sprechen Sie darüber, bis Ihnen eine Lösungsmöglichkeit einfällt. Wenn Sie zu keinem Ergebnis kommen, betrachten Sie dies als mögliches Warnsignal, das Ihnen rät, besonders behutsam vorzugehen.

Wie man es richtig macht

Es gibt noch weit mehr Persönlichkeitstypen, die Ihnen von Zeit zu Zeit begegnen können, jeder mit einem besonderen Verhaltensmuster, in das er/sie gerne verfällt. Vielleicht haben Sie schon den stillen und schüchternen Typ kennengelernt, dessen Beziehungen stets in Abhängigkeitsverhältnissen enden. Oder den Workaholic, der nie

Zeit hatte, oder die gute Freundin, die in ihren Beziehungen immer auf der Stelle trat, oder den Luftikus, der sich rechtzeitig aus dem Staub machte und anderen das Gefühl gab, ausgenutzt worden zu sein.

Wenn Sie sich mögliche Partner in Zukunft genauer anschauen, lernen Sie, deren Stärken zu schätzen, und überlegen Sie sich vorher, mit welchen Verhaltensmustern Sie vielleicht konfrontiert werden. Bedenken Sie, daß jedes Paar von Zeit zu Zeit in ein typisches Beziehungsmuster verfällt.

Wertvolle Beziehungen zeichnen sich dadurch aus, daß beide Partner bereit sind, ihr Verhalten zu hinterfragen und gegebenenfalls zu verändern und etwas zu tun, um aus der Sackgasse festgefahrener Beziehungsmuster herauszufinden. Es ist sehr wichtig, daß Sie Ihre eigenen Verhaltensweisen kennen und somit in der Lage sind, Ihr unterschiedliches Wesen zu genießen.

Der erste Eindruck und das erste Rendezvous können Ihnen Gelegenheit geben, Partner auszuschließen, die ganz offensichtlich nicht zu Ihnen passen. Dennoch können diese ersten Begegnungen nicht immer genug Aufschluß über die Persönlichkeit des anderen geben. Um Ihre Chancen, den richtigen Partner auszuwählen (und nicht beim falschen hängenzubleiben) zu erhöhen, benötigen Sie eine genauere, zuverlässigere Methode: eine behutsame, aber ausführliche Befragung.

Weil die Liebe…

...nur in seltenen Fällen vom Himmel fällt, muß man dem Glück bisweilen etwas auf die Sprünge helfen. Die Suche nach dem richtigen Partner sollte man nicht dem Zufall überlassen. Sie erfordert Ausdauer, Selbstbewußtsein und natürlich auch ein wenig Glück.

Und wenn man dann den Traummann oder die Traumfrau gefunden hat, regnet es auch nicht gerade Goldstücke vom Himmel. In einer guten Partnerschaft aber kann man gemeinsam sehr viel tun, um aus wenig Geld mehr zu machen.

Pfandbrief und Kommunalobligation

Meistgekaufte deutsche Wertpapiere - hoher Zinsertrag - bei allen Banken und Sparkassen

Verbriefte Sicherheit

5 Fragen an einen potentiellen Partner

«*In den letzten drei Jahren habe ich mich in drei verschiedene Frauen ernsthaft verliebt. Das Problem ist,
daß ich ein paar Fehlentscheidungen getroffen habe
und mir dabei die Finger verbrannt habe. Ich bin bereit, es noch einmal zu versuchen, aber ich wünschte,
ich würde mich in Zukunft besser entscheiden.*»

«*Ich habe gerade jemanden kennengelernt, der der
Richtige sein könnte. Ich denke, ich könnte mich bis
über beide Ohren in ihn verlieben, aber ich stehe gerade am Anfang meiner beruflichen Laufbahn und
weiß nicht, ob es gut wäre, sich jetzt auf eine Beziehung einzulassen.*»

«*Ich warte die ganze Zeit auf irgendeinen Hinweis
oder ein Zeichen, das mir sagt: ‹Der ist es!› Das ist
sicher dumm von mir, aber was soll ich sonst machen?*»

Es ist ganz normal, wählerisch zu sein und den richtigen Partner
finden zu wollen, um dann eine dauerhafte Beziehung aufzubauen.
Einige Menschen suchen ganz bewußt nach ihrem Idealpartner. Andere sitzen nur da und warten, bis ein Wunder geschieht. Manche
sind sogar bereit, sich mit einer x-beliebigen Person einzulassen, nur
um nicht allein zu sein.

Statt auf Ihr Glück zu bauen, es mit Geduld oder planlosem
Aktionismus zu versuchen, sollten Sie einmal eine neue Taktik aus-
probieren, die vernünftig und erfolgversprechend ist und auch Spaß
macht. Wenn Sie Ihren zukünftigen Partner getroffen haben, sollten
Sie ihm ein paar gezielte Fragen stellen, um sicherzustellen, daß Sie
beide miteinander harmonieren. Sie sollten unbedingt herausfinden, was Ihr Partner für ein Mensch ist, *bevor* Sie sich unsterblich in
ihn verlieben.

In diesem Kapitel werden Sie lernen, wie man einen anderen Menschen näher kennenlernt. Es wird Ihnen zeigen, wie man einen möglichen Partner «interviewt», um herauszufinden, ob er oder sie der/die Richtige für Sie ist. Dabei sollten einige Grundregeln des Interviewens beachtet werden, so zum Beispiel die Notwendigkeit des gegenseitigen Sich-Öffnens und des Dialogs anstelle einer einseitigen Ausforschung. Zusätzlich finden Sie in diesem Kapitel Fragen, die Ihnen helfen, das Wesen Ihres Gegenübers kennenzulernen, und kurze Erläuterungen zum Sinn und Zweck der jeweiligen Frage. Wir stellen Ihnen außerdem ein System vor, wonach Sie die verschiedenen Seiten der Persönlichkeit eines Menschen, die Sie im Laufe des Interviews entdecken, einordnen können.

Sie müssen jetzt schon das Verhalten Ihres Partners deuten können, um auf seinen Charakter zu schließen. Je eher Sie Bescheid wissen, desto besser! Wenn Sie bereits am Anfang soviel wie möglich herausfinden, so sind Sie gegen eine schlechte Wahl und schmerzliche Enttäuschung gefeit. Natürlich wird es immer Überraschungen geben. Aber mit etwas Glück werden sie angenehmer Natur sein!

Anleitung für ein Partnerinterview

Einen Partner auszuwählen, ist vergleichbar mit der Auswahl, die bei einer Stellenausschreibung stattfindet. Bevor man einen Job annimmt, muß man sich gewöhnlich einer Reihe von Interviews unterziehen. Schlaue Bewerber befragen ihrerseits den Chef oder Repräsentanten des Unternehmens, um festzustellen, ob die Stelle ihnen zusagt.

Dieses Konzept eines wechselseitigen Interviews kann man auch bei einem möglichen Partner anwenden. Ein wichtiger Teil beim Kennenlernen liegt darin, dem anderen Gelegenheit zu geben, einen selbst zu ergründen. Ein Gespräch über frühere Erfahrungen und Träume für die Zukunft kann anregend und informativ zugleich sein. Tatsächlich sind zwei der beliebtesten Themen vergangene Erlebnisse und Zukunftspläne.

In einem Einstellungsgespräch stellt der Arbeitgeber bestimmte

Fragen, um über die Persönlichkeit des Bewerbers Aufschluß zu erhalten. Eine Zufallsunterhaltung wäre ungenügend und ließe zu viele Informationslücken offen. Übernehmen wir also dieses Konzept für die Wahl des richtigen Partners.

Wie lernen Sie einen anderen Menschen innerhalb kurzer Zeit kennen? Wie stellen Sie die entscheidenden Fragen, ohne aufdringlich und neugierig zu erscheinen? Wie informieren Sie sich, ohne sich wie ein herumschnüffelnder Reporter zu gebärden? Wie können Sie Ihre Informationen analysieren, ohne falsche Schlüsse zu ziehen? Wie erhalten Sie ein objektives Bild von den Stärken und Schwächen Ihres Gegenübers?

Und umgekehrt, wie können Sie diesem Menschen einen Einblick in Ihre Persönlichkeit geben, ohne mit Ihren Erfolgen zu prahlen oder Ihre Unzulänglichkeiten allzu früh zu beichten? Wie können Sie es vermeiden, wie ein Geschichtslehrer oder Träumer zu klingen, während Sie sich darstellen? Und wie kann dieses Gespräch Spaß machen, ohne in Arbeit auszuarten?

Diese Fragen sind wichtig und bedürfen praktikabler Lösungen. Im letzten Teil des Kapitels werden Sie einen Fragenkatalog finden, den Sie benutzen können, um die entscheidenden Fakten über einen anderen Menschen in Erfahrung zu bringen, damit Sie eine kluge Wahl treffen können. Sie sind als Orientierungshilfen gedacht und sollten nicht wie ein Rezept oder eine Bedienungsanleitung wörtlich befolgt werden. Nachdem Sie sich mit dem Verfahren vertraut gemacht haben, können Sie entscheiden, welche Fragen für Sie sinnvoll sind und welche nicht.

Übung: Setzen Sie Ihre Phantasie ein

Die eigene Vorstellungskraft ist ein sehr wirksames Mittel. Wir verstehen darunter, sich eine Situation bildlich vorzustellen und sich auszumalen, wie ein Gespräch ablaufen kann. Stellen Sie sich einen Moment lang zwei Menschen vor, die sich unterhalten. In einem Einstellungsgespräch würden sie sich wahrscheinlich fragend und antwortend an einem Tisch gegenübersitzen. In Ihrer Phantasie soll es sich um ein Rendezvous handeln. Eine der Personen sind Sie, und die andere ist Ihr Partner. Sie schlendern gemeinsam eine Straße entlang oder aber sitzen in einem Café. Ihr Gespräch wird ungezwungener als ein Job-Interview verlaufen, weil es in einem inoffiziellen Rahmen, zu verschiedenen Zeiten, an unterschiedlichen Orten stattfindet und öfter unterbrochen wird. Statt einen endlosen Fragebogen voll wichtiger und weniger wichtiger Details auszufüllen, fließen die Fragen beiläufig in die Konversation ein. Fragen müssen nicht aushorchend oder aufdringlich sein. Sie können auch amüsant sein: «Was war für Sie als Kind das peinlichste Erlebnis?» oder bedeutungsvoll: «Was schätzen Sie im Leben am meisten?» Stellen Sie sich ein paar Minuten lang in einer solchen Situation vor.

Werden Sie sich klar darüber, was Sie wirklich über den anderen erfahren wollen. Schlüpfen Sie in die Haut des anderen: Was sehen Sie; was hören Sie? Entwerfen Sie in Ihrer Phantasie ein Interview. Überlegen Sie, was Ihnen wichtig ist, damit Sie während des Kennenlernens daran denken. Benutzen Sie Ihren Verstand als Wegweiser, wenn Sie von Ihren Gefühlen fortgerissen werden.

Wählen Sie den für Sie günstigen Ort und Zeitpunkt

Vielen Menschen fällt es leicht, sich mitzuteilen. Freimütig erzählen sie von ihren Erfahrungen. Andere, die Schmerzliches erlebt haben oder ihre Privatsphäre wahren möchten, lehnen es ab, von ihrer Vergangenheit zu reden, oder haben gar bestimmte Erlebnisse verdrängt, um zu vergessen.

Wenn Sie aufmerksam hinsehen und zuhören, können Sie jederzeit und überall etwas Wichtiges über den anderen erfahren. Trotzdem bestimmt manchmal der Ort oder der Zeitpunkt das Thema des Gesprächs. Als Extrembeispiel mag eine Feier im Büro gelten. Dies ist nicht der rechte Ort, jemanden zu fragen, ob er mit seiner Arbeit zufrieden ist. Aber bei einem Abendessen könnte dieses Thema durchaus zu einem anregenden Gespräch und persönlichen Austausch führen.

Auf einer langen Autofahrt wird es Ihnen vielleicht Spaß machen, laut über Ihre Zukunftsträume nachzudenken, doch nicht in einer lärmenden, vollen Diskothek. Oft ist es notwendig, dem Gespräch Zeit und Raum zu lassen, damit es sich entwickeln kann. Sie müssen die augenblickliche Atmosphäre und die Stimmung des anderen

spüren. Er oder sie kennt möglicherweise seine Gefühle und Wertvorstellungen weniger gut als Sie. Oder aber Ihr Gegenüber ist sich
noch unsicher, ob es Ihnen vertrauen kann.

Worauf Sie achten sollten

Wenn Sie wissen, worauf es ankommt, geht es mit dem Kennenlernen schneller. Es gibt zahlreiche Theorien, die zu erklären versuchen, wie Menschen funktionieren. Jede Theorie ist wie ein Reise-
führer, weist auf bestimmte Sehenswürdigkeiten hin und listet auf,
worauf man am Wegrand achten soll. Sie geben Hinweise auf die
verschiedenen Merkmale einer Persönlichkeit. Jede psychologische
Theorie hat ihre eigene Art und Weise, Persönlichkeitstypen zu cha-
rakterisieren. Diese Definitionen sollen uns helfen, uns selbst und
andere zu verstehen; sie erklären, warum ein Mensch das tut, was er
tut, und wie seine Gedanken und Gefühle sein Handeln beeinflussen.

Die Transaktionsanalyse (TA) ist eine psychologische Theorie, die
einen solchen Führer anbietet, der den Weg zum Verständnis des
anderen erleichtert.[23] Sie zeigt nicht jede Kleinigkeit auf, die es auf
diesem Weg zu beachten gilt. Das kann kein Führer leisten. Aber sie
trägt dazu bei, daß Sie einige Aspekte Ihrer Persönlichkeit und der
des anderen besser verstehen. Die TA erleichtert den Prozeß des Interviewens und hilft, die Antworten einzuordnen.

Jeder Mensch hat eine andere Persönlichkeitsstruktur. Nach der
Transaktionsanalyse jedoch weist die Persönlichkeit jedes Menschen folgende drei Bereiche auf: die Kindebene, die Erwachsenen-
ebene und die Elternebene. Jeder von uns verhält sich manchmal
wie ein Kind. Das nennt man den *Kind-Ich-Zustand* oder das *Kind-
Ich*. Das kleine Mädchen oder der kleine Junge in uns lebt lange
über die Kindheit hinaus weiter. Im Kind-Ich befinden sich Erinnerungen, Gedanken und Einstellungen, die aus frühster Kindheit herrühren, sowie anerzogene Gewohnheiten und Verhaltensweisen.

Das *Kind* wird innerlich erfahren und äußert sich in unseren
Stimmungen und Gefühlen. Es kommt in der Stimme, beim Lachen,

Jammern, sich Sorgen zum Vorschein. Es ist erkennbar in den Gesten und in der Mimik eines Menschen, wenn er vor Gram gebeugt ist oder voll innerer Freude lächelt. Es ist in der Sprache zu vernehmen, wenn ein Mensch übertreibt («Sie ist die tollste Frau der Welt!»), sich beschwert («Warum ruft er nicht an, wie er es versprochen hat?»), von Leidenschaft erfüllt ist («Deine Küsse machen mich wahnsinnig!») oder verzweifelt («Ich kann es nicht länger ertragen.»).

Gefühle und Emotionen gehören zur Sphäre des *Kindes*. Das Kind-Ich kann liebenswert und lustig sein, begeistert und ernst, verzweifelt und traurig oder einsam und deprimiert. Es kann energiegeladen oder müde sein, neugierig oder gelangweilt, in sich zurückgezogen oder überschwenglich. Es ist das Kind in uns, das etwas unbedingt will, wenn es uns in den Sinn kommt.

Das Kind-Ich bringt Gefühle, Gedanken und Verhaltensweisen zum Ausdruck, die allen Kindern gleich sind. Darüber hinaus bewahrt sich jeder Mensch in seinem Innern die ihm eigenen, sehr persönlichen Denk- und Verhaltensweisen aus der Kindheit. Der kleine Junge oder das kleine Mädchen kommt häufig in der Phase des Kennenlernens zum Vorschein, zeigt sich in der Euphorie, jemand Neuen gefunden zu haben, oder in der Enttäuschung, wenn die Beziehung zu Ende geht.

Haben Sie schon einmal kindliches Verhalten an sich oder anderen beobachtet und sich darüber gewundert? Haben Sie zum Beispiel schon einmal auf die Koseworte geachtet, mit denen sich ein verliebtes Paar bedenkt? Haben Sie schon einmal erlebt, daß Sie vor einer Verabredung mit jemandem, der Ihnen wirklich gefiel, vor Aufregung nicht stillsitzen konnten? Haben Sie sich je einsam gefühlt und in Ihrem Innern das Weinen, Schluchzen und Wimmern eines unglücklichen Kleinkindes gehört? Dieses kindliche Verhaltensmuster nennt man Kind-Ich-Zustand.

Das zweite Persönlichkeitsmerkmal, das uns allen gemein ist, ist der *Eltern-Ich-Zustand* oder das *Eltern-Ich*. Jeder Mensch trägt in seinem Kopf ein paar der Werte, Meinungen und Verhaltensweisen mit sich herum, die er von seinen Eltern oder Ersatzeltern gelernt hat. Waren beispielsweise die Eltern eines Menschen ehrlich, so wird er höchstwahrscheinlich auch ehrlich sein und diese Eigenschaft bei anderen fördern und schätzen. Waren die Eltern herrschsüchtig, so wird er wahrscheinlich ebenfalls herrschsüchtig sein oder erwarten, von anderen herumkommandiert zu werden.

Die Ansichten der Eltern bestimmen zu einem Großteil das, was man tun *sollte* oder *müßte*. Sie bilden die Grundlage für die Werte, die Einstellung und die Erwartungen des eigenen Lebens. Elternmeinungen werden besonders deutlich, wenn es in Diskussionen um Kindererziehung geht, um Gelddinge, Politik, Religion, darum, wer Entscheidungen treffen sollte und wer recht hat. Sie können dann wahrgenommen werden, wenn jemand sich um einen anderen kümmert oder ihm zeigt, wie man etwas macht.

Menschen bemuttern nicht nur ihre Kinder, sondern auch den Partner – zum Beispiel, wenn der Partner nach einem langen Arbeitstag müde nach Hause kommt, wenn sie deprimiert und lustlos ist oder er um Aufmunterung oder einen Rat bittet. Menschen mit einer glücklichen Kindheit wissen, wie sie sich in solchen Situationen verhalten sollen, kennen die richtige Mischung aus Liebe und Verständnis. Menschen, deren Eltern sie zu sehr verhätschelten, werden ihrerseits den Partner wie ein rohes Ei behandeln. Wenn Ihre Eltern sich distanziert verhielten, werden auch Sie keine Nähe zu Ihren Freunden aufkommen lassen.

Neben dem Kind- und dem Elternstadium besitzt jeder Mensch die Fähigkeit, logisch zu denken, Fakten und Informationen zu verarbeiten, die Welt um sich herum zu identifizieren und zu analysieren und sich entsprechend zu verhalten. Dieser dritte Bereich wird *Erwachsenen-Ich-Zustand* genannt. Es ist unabhängig vom Alter eines Menschen. Es ist jener Bereich, der Wissen sammelt, logisch denkt und Entscheidungen aufgrund von Fakten und nicht gemäß elterlicher Tradition und kindlicher Gefühle trifft.

Der *Erwachsene* ist logisch und rational, ignoriert dabei jedoch nicht Emotionen und Gefühle. Vielmehr setzt er die verschiedenen Elemente zu einer Einheit zusammen. Er entscheidet aufgrund von verläßlichen Informationen und bezieht die Lehren und Wertvorstellungen des *Eltern-Ichs* und die Wünsche, Bedürfnisse und Gefühle des *Kind-Ichs* mit ein. Der *Erwachsene* ist verantwortlich für Entscheidungen und Handlungen. Er muß sich verhalten wie ein erwachsener Mensch gegenüber Kindern, freundschaftlich überwachen, hin und wieder eingreifen und immer die Verantwortung übernehmen, wenn Entscheidungen anstehen.

Nach der Theorie der Transaktionsanalyse treffen Sie nicht einen, sondern gleich drei Menschen, wenn Sie jemanden kennenlernen. Was zunächst wie eine Verabredung zwischen zwei Personen aussieht, entpuppt sich als Begegnung von sechs oder mehr – Ihr Kind-Ich, Ihr Eltern-Ich, Ihr Erwachsenen-Ich und sein bzw. ihr Kind-Ich, Eltern-Ich, Erwachsenen-Ich. Kein Wunder, daß das Kennenlernen eine solche Herausforderung sein kann!

Deshalb müssen Sie, um einen Menschen näher kennenzulernen, jede Facette seiner Persönlichkeit ansprechen, ebenso wie Sie ihm Gelegenheit geben müssen, die Ihren zu erforschen. Weiß man, daß jeder Mensch drei verschiedene Persönlichkeitsbereiche besitzt, so hilft dies uns, das Interview besser zu strukturieren. Indem Sie jeden Part interviewen, können Sie besser einordnen, was Sie über den anderen erfahren.

Das Interview ist so konzipiert, daß es Ihr Erwachsenen-Ich mit genügend Informationsmaterial versorgt, so daß Sie die Möglichkeit haben zu entscheiden, mit wem Sie sich verabreden und wen Sie möglicherweise heiraten wollen. Es wäre dumm, diese Entscheidung der Logik eines Kindes zu überlassen. Und Sie sind sicher auch nicht daran interessiert, die Entscheidung, mit wem Sie ausgehen wollen, Ihre Eltern treffen zu lassen. Nur ein informiertes Erwachsenen-Ich wird Sie in die Lage versetzen, eine weise Entscheidung zu fällen. Sie sollten sich informieren, bevor Sie hoffnungslos und hilflos bis über beide Ohren verliebt sind.

Fragen an das Kind-Ich

Das Kind-Ich ist der Teil der Persönlichkeit, der bei manchen Menschen unmittelbar mit Verliebtsein zusammenhängt. Das *Kind* träumt von einem erfüllten Leben und vertraut darauf, den richtigen Partner eines Tages kennenzulernen.

Kommt das *Kind* zum Vorschein, wie zum Beispiel beim ausgelassenen Toben am Strand oder dem schallenden Gelächter über einen guten Witz, so macht es Spaß, mit diesem Menschen zusammenzusein. Aber andererseits ist es lästig, wenn ein Mensch trotzig auf seiner Meinung beharrt und die Ansichten anderer ignoriert oder wütende Anschuldigungen ausstößt, die völlig irrelevant sind.

Dieser Teil der Persönlichkeit kann zeitweise so dominierend sein, daß die rationaleren Seiten von den Emotionen des *Kindes* einfach überrollt werden. Wenn beispielsweise Menschen sich verlieben, so sind sie anfangs oft unfähig, sich auf ihre Arbeit zu konzentrieren. Oder wenn sie für Kleider, Geschenke, Reisen, Autos usw. Geld ausgeben wollen, obwohl sie es sich nicht leisten können. Es ist das *Kind* in uns, das in einer Traumwelt lebt. In beiden Fällen sind die Gefühle und Phantasien des *Kindes* so überschwenglich, daß der *Erwachsene* eingreifen muß.

Das Kind-Ich eines Menschen kennenzulernen, ist bestimmt der einfachste und lustigste Teil des Interviews. Es kommt ganz natürlich zum Vorschein, wenn man sich unterhält oder etwas Gemeinsames unternimmt. Hierzu ein paar Gesprächsthemen, die das *Kind* hervorlocken:

«*Was macht Ihnen Spaß?*» Was Menschen Spaß macht, ist ein guter Hinweis darauf, wie sie sich in einer Beziehung verhalten werden. Jemand, der vielseitige Hobbies und Interessen hat, wird wahrscheinlich jede Menge Gesprächsstoff anbieten können. Ein sportlicher Mensch wird sich vorstellen, daß Sport ein wichtiger Teil der Beziehung sein sollte. Jemand, der pro Woche drei Romane verschlingt, wird vielleicht intellektuelle oder kulturelle Aktivitäten vorziehen. Ein Arbeitswütiger wird für gemeinsame Freizeitvergnügen nur noch wenig Zeit aufbringen, sobald die erste Verliebtheit abgeklungen ist.

Fragen, mit denen Sie mehr über Vorlieben und Art der Vergnügungen Ihres Partners herausfinden können, sind auch folgende: «*Was hat Ihnen als Kind Spaß gemacht?* Haben Sie lieber im Freien oder im Haus gespielt? Haben Sie mit anderen Kindern oder alleine gespielt?*» Spielmuster, die in der Kindheit angelegt wurden, sind oft prägend für die Freizeitgestaltung als Erwachsener. Ein Mann beispielsweise, der als Kind in den Hügeln hinterm Haus herumtollte, wurde als Erwachsener ein begeisterter Bergsteiger und Landschaftsfotograf. Diese Aktivitäten waren ihm vertraut. Andererseits fiel es ihm schwer, sich an verregneten Wochenenden im Haus aufzuhalten. Es war für ihn ungewohnt, und er fühlte sich unwohl.

«*Wie oft gehen Sie aus und amüsieren sich?* Wieviel Zeit verbringen Sie in der Woche mit Freizeitaktivitäten?*» Es gibt Menschen, die sind vielseitig interessiert, nehmen sich aber nicht die Zeit, ihren Interessen nachzugehen. Sie sollten herausfinden, ob sich die Freizeitgestaltung des anderen mit Ihrer vereinbaren läßt. Nehmen Sie nicht das Verhalten des anderen bei Ihren Verabredungen als Maßstab, denn dies sind Ausnahmesituationen und nicht unbedingt sein oder ihr Alltagsgesicht.

Um mehr über die Gewohnheiten Ihres Gegenübers, sich zu entspannen, zu erfahren, könnten Sie fragen: «*Was tun Sie, um sich zu erholen? Wohin gehen Sie?*» Jemand, der sich am liebsten allein entspannt, wird wenig Lust verspüren, von einem Partner genervt zu werden, der ständig etwas unternehmen will, und jemand, der im Gespräch mit dem anderen zur Ruhe kommt, wird sich im Stich gelassen fühlen, wenn der andere sich zurückzieht. Ähneln sich Ihre Gewohnheiten, so wird Ihre Beziehung um so befriedigender sein.

Eine ähnliche Fragestellung ist: «*Was machen Sie gern im Urlaub?*» Auch bei diesem Thema kann man an Kindheitserlebnisse anknüpfen. Ist die Familie früher in Urlaub gefahren oder nicht? Waren es schöne Zeiten oder nicht? Was hat ihm oder ihr an den Ferien gefallen? Diese Fragen vermitteln einen Eindruck von den Kindheitserfahrungen, auf denen die derzeitigen Vorlieben basieren. Um die jetzigen Urlaubswünsche zu erkunden, könnten Sie erforschen, wohin er oder sie gerne verreisen würde. Gibt es bestimmte Orte, die ihnen besonders erholsam erscheinen, für die sie eine Vorliebe haben? Bevorzugen sie Aktivurlaube oder etwas Ruhiges? Wollen sie lieber unter Menschen sein oder allein, in der Abgeschiedenheit? Wollen sie lieber herumreisen oder an einem Ort bleiben? Die Antworten auf diese Fragen zeigen Ihnen weit mehr als die Urlaubsvorstellungen des anderen. Sie besagen etwas über seine Energie, seinen Sinn für Geselligkeit und seine Lebenslust. Und auf die Beziehung bezogen, wäre folgende Frage naheliegend: «*Was würden Sie gerne mit Ihrem Partner im Urlaub machen? Was wünschen Sie sich, was Ihr Partner gerne unternähme?*» Da Freizeitaktivitäten einen großen Raum einnehmen, ist die Übereinstimmung auf diesem Gebiet ein entscheidender Faktor in der Beziehung.

Mehr über die Interessen des anderen erfahren zu wollen, kann zu einer faszinierenden Unterhaltung führen. Viele Menschen genießen es, sich ausführlich darüber auszulassen. Gespräche dieser Art beleuchten aber auch ein wichtiges Bedürfnis innerhalb einer Beziehung: Spiel und Freizeit. Ihnen kommt große Bedeutung zu, damit Sie beide Erfüllung in Ihrer Beziehung finden.

Durch folgende Fragen erfahren Sie mehr über ein weiteres wichtiges Thema: Freundschaft. «*Wie sehen Ihre Freundschaften aus, und was unternehmen Sie mit Ihren Freunden?*» Diese Frage gibt Ihnen Aufschluß darüber, wie Sie als Freunde miteinander auskommen würden und welche Erwartungen der oder die andere an Sie stellt. Ein paar praktische Details in bezug auf Freundschaft, die Sie interessieren könnten, wären: «Würde er oder sie erwarten, daß Sie öfter gemeinsam mit anderen Paaren ausgingen, oder würde er/sie sich mit Ihren Freunden unwohl fühlen? Würde er/sie eifersüchtig auf Ihre andersgeschlechtlichen Freunde reagieren? Falls Sie seine oder ihre Freunde kennen, sagen sie Ihnen zu oder nicht? Würde es Ihnen Spaß machen, viel Zeit gemeinsam zu verbringen?»

Da Freundschaften oft auf einer Kind-Kind-Beziehung basieren, könnten Sie ein paar Hinweise über das Freundschaftsverhalten Ihres Partners erhalten, wenn Sie ihn über seine Kinderfreundschaften befragen: «*Wie sahen Freundschaften in Ihrer Kindheit und Jugend aus?* Hatten Sie viele oder wenige Freunde? An welche Erlebnisse mit Freunden aus der Kindheit denken Sie gern zurück? Was sind eher schmerzliche oder frustrierende Erinnerungen für Sie? Kamen die Kinder in der Schule eher auf Sie zu, oder war es umgekehrt? Oder ergaben sich Freundschaften einfach so?» Als Paar sind Sie zugleich Freunde, haben sowohl gemeinsame Freunde als auch eigene. Es ist nützlich zu wissen, was man in diesem wichtigen Lebensbereich zu erwarten hat.

Ein weiterer Aspekt im Zusammenhang mit dem Kind-Ich-Zustand ist die Frage, wie ein Mensch mit Problemen umgeht, die sicherlich in jeder Beziehung auftreten werden. Sie könnten fragen: «*Welches Gefühl haben Sie, wenn etwas schiefläuft, und was tun Sie in solchen Momenten?*» Wenn Ihr Gegenüber sich in diesen Situationen zurückzieht, würde Ihnen das gefallen? Oder wenn er oder sie gereizt reagiert? Oder mit spontanem Eifer das Übel aus der Welt schafft? Andererseits wäre es interessant zu erfahren: «*Was erwarten Sie von Ihren Mitmenschen, wenn Probleme auftauchen?*» Dies zeigt Ihnen die Erwartungen, die Ihr potentieller Partner an Sie stellt, und gibt Ihnen Gelegenheit, darüber nachzudenken, wie Sie ihnen begegnen können.

Eine weitere Möglichkeit, jemanden näher kennenzulernen, ist, Fotos von früher anzusehen. Ein Familienalbum ist für diesen Zweck ideal. Betrachten Sie die Bilder, und achten Sie genau auf den Gesichtsausdruck dieser Person. Wirkt sie glücklich? Scheint sie mit den anderen Personen auf dem Bild etwas zu verbinden? Ist etwas in ihrem Verhalten, was Ihnen einen Hinweis auf den Charakter dieses Menschen geben kann?

Nicht nur im Gespräch offenbart sich das Kind-Ich. Beobachten Sie, wie sich der andere in Gesellschaft anderer verhält, wie er mit unerwarteten Ereignissen umgeht, wie er sich selbst darstellt – all das weist Sie auf wichtige Charakterzüge seines *Kindes* hin.

Jedes *Kind* hat seine eigene Art, auf Situationen zu reagieren und mit anderen Menschen umzugehen. Da das Kind-Ich vor allem in einer Liebesbeziehung eine zentrale Rolle spielt, sollten Sie soviel wie möglich über Ihr eigenes wie auch das Ihres Partners in Erfahrung bringen, um eine kluge Entscheidung treffen zu können.

Zusammenfassung: Fragen an das Kind-Ich

«Was macht Ihnen Spaß?»

«Was hat Ihnen als Kind Spaß gemacht?»

«Wie oft gehen Sie aus und amüsieren sich?»

«Was tun Sie, um sich zu erholen?»

«Was machen Sie gern im Urlaub?»

«Was würden Sie gerne mit Ihrem Partner im Urlaub machen?»

«Wie sehen Ihre Freundschaften aus, und was unternehmen Sie mit Ihren Freunden?»

«Wie sahen Freundschaften in Ihrer Kindheit und Jugend aus?»

«Welches Gefühl haben Sie, wenn etwas schiefläuft, und was tun Sie in solchen Momenten?»

«Was erwarten Sie von Ihren Mitmenschen, wenn Probleme auftauchen?»

Fragen an das Eltern-Ich

Manchmal erinnern wir uns so deutlich an das, was unsere Eltern sagten, als wäre es gestern gewesen, manchmal sogar an ihre Stimme. Gerade in bezug auf ihren Partner reden viele Menschen wie ihre Eltern, benutzen dieselben Worte, denselben Tonfall. Larry ertappte sich dabei, daß er seine Freundin «Schnuckelchen» nannte, der Kosename seines Vaters für seine Mutter.

Über das, was er von seinen Eltern gelernt hat, hinaus verfügt jeder Mensch über zahlreiche Wertvorstellungen und Ansichten, die er im Laufe seines Lebens von anderen Bezugspersonen übernommen hat. Verwandte, Lehrer, Freunde der Familie, Nachbarn, Babysitter oder ältere Geschwister können einen großen Einfluß auf die Einstellung eines Menschen zu Liebe, Partnerschaft und Ehe nehmen.

Frank zum Beispiel blickte als Kind immer zu seinem älteren Bruder auf. Sein Vater kam bei einem Verkehrsunfall kurz nach seiner Geburt ums Leben. Frank glaubte, sein Bruder sei der Inbegriff all dessen, was ein Mann zu sein hatte. Obwohl er es nie irgendeinem Menschen gegenüber äußerte, nahm er sich insgeheim vor, alles, was sein Bruder sagte oder tat, später einmal zu übernehmen. Frank erinnerte sich noch daran, wie sich sein Bruder früher zu ihm setzte und von seinen Freundinnen erzählte: «Behandle ein Mädchen immer genauso, wie du von ihr behandelt werden möchtest.» Dieser Satz ist Frank im Gedächtnis haften geblieben. Als er älter wurde, befolgte er den Rat seines Bruders. Er war ehrlich, aufmerksam und nett, wenn er eine Frau traf, die ihn interessierte. Als Erwachsener war er in der Lage, die gesunde Einstellung seines Bruders erfolgreich einzusetzen.

Menschen, die von ihren Großeltern erzogen wurden, haben häufig Gemeinsamkeiten. Als Kinder verhielten sie sich oft rücksichtsvoll, um ihre Großeltern nicht zu sehr zu belasten oder zu enttäuschen. Als Erwachsene sind sie dann meist reife und verantwortungsbewußte Menschen, aber es fällt ihnen schwer, fröhlich und unbeschwert zu sein. Sie versuchen es ihrem Partner ebenso recht zu machen wie früher ihren Großeltern. Und sie wünschen sich einen ebenso geduldigen und großzügigen Partner, wie es ihre Großeltern waren.

Der einfachste Weg, das Eltern-Ich kennenzulernen, ist, den anderen im Umgang mit Kindern zu beobachten. Er wird sie wahrscheinlich genauso behandeln wir Ihr *Kind-Ich*, wenn es zum Vorschein kommt. Und da jeder von uns sich zeitweilig wie ein Kind verhält – Sie auch –, wäre es sinnvoll, schon im voraus zu wissen, ob Sie auf Verständnis stoßen werden.

Es gibt noch eine Reihe anderer Dinge, auf die Sie achten sollten, und Fragen, die Sie stellen können, um rechtzeitig das Eltern-Ich zu erkennen.

Eine zentrale Frage wäre: «*Wie waren Ihre Eltern, als Sie heranwuchsen?*» Waren sie glücklich, zärtlich, verständnisvoll, verläßlich, mußten sie hart arbeiten? Hatten sie Zeit für Sie? Übten sie Kritik, schränkten sie Sie ein, waren sie überängstlich oder launisch? Positive Eigenschaften der Eltern tragen zum Gelingen einer Beziehung bei; negative hingegen stellen eine Belastungsprobe dar, es sei denn, sie werden bewußt verarbeitet.

Jeder verändert sich mit der Zeit, auch Eltern. Finden Sie heraus, ob sich in der Beziehung zwischen dieser Person und ihren Eltern ein Wandel vollzogen hat: «*Wie sind Ihre Eltern heute, und wie ist Ihr Verhältnis?* Mögen Sie Ihre Eltern? Haben Sie ein inniges Verhältnis?»

Eine weitere Möglichkeit, das Eltern-Ich zu ergründen, besteht darin, ein x-beliebiges Thema zu wählen und zu fragen: «*Wie war die Einstellung Ihrer Eltern zur Ehe (oder Geld, Erziehung, Freundschaft, Kinder, Sex, Ernährung usw.)?*» In einem Eissalon zum Beispiel könnten Sie fragen, wie es sich mit dem Essen in der Familie verhielt. Ob die Eltern großen Wert auf gesunde Ernährung oder Tischmanieren legten. Ob sie abfällige Bemerkungen über Leute machten, die langsam aßen oder das Essen hinunterschlangen. Herrschte eine angenehme Atmosphäre während der Mahlzeiten zu Hause? War ausschließlich die Frau fürs Kochen zuständig? Diese Informationen werden Ihnen ein paar Anhaltspunkte über den äußeren Rahmen geben, in dem ihr Partner aufwuchs.

Nicht nur die Rollenbilder, die Eltern verkörpern, sind wichtig, sondern auch die Reaktion der Kinder auf ihre Eltern und ihre Umgebung. Was hielt er oder sie von der elterlichen Meinung? «*Wie sehr beeinflußten Sie die Ansichten Ihrer Eltern damals, und wie ist es heute? Teilen Sie die Erwartungen Ihrer Eltern?* Glauben Sie, daß die Vorgaben der Eltern bis in alle Ewigkeit befolgt werden sollten, oder haben Sie beschlossen, einen anderen Weg einzuschlagen?»

Ein weiterer Fragenkatalog zum Thema Eltern wäre: *«Welchen Rat würden Ihnen Ihre Eltern geben, um jemanden kennenzulernen (oder zur Ehe, zum beruflichen Weiterkommen, zur Kindererziehung, bei Auseinandersetzungen, Geldproblemen usw.)?»* Phyllis' Vater war noch von der alten Schule. Oft zog er über Frauen her, bezeichnete sie als dumm und forderte, sie sollten sich nicht mit Dingen beschäftigen, von denen sie keine Ahnung hätten. Phyllis' Mutter erklärte immer wieder – sehr zum Mißfallen ihres Mannes –, daß Frauen Gemeindearbeit leisten sollten, sich für die Rechte der Frauen einsetzen und danach streben sollten, sich und andere weiterzubringen. Phyllis fühlte sich wie gelähmt. Wollte sie es ihrem Vater recht machen, mußte sie zu Hause bleiben, im Schatten eines Mannes stehen, ihn abends demütig empfangen, damit er ihr als Lohn für Kochen und Hausarbeit über den Kopf strich. Wollte sie ihre Mutter zufriedenstellen, so mußte sie aktiv werden und es in der Welt zu etwas bringen. Hier stellt sich die Frage: Welche elterlichen Einflüsse überwiegen, und wie beeinflussen sie eine Beziehung? Als Ansatz für eine Diskussion könnten Sie fragen: *«Neigen Sie dazu, den Rat eines Elternteils zu befolgen, oder gehen Sie lieber Ihren eigenen Weg?»*

Wieder wird deutlich, wie wichtig es ist, daß Sie in Erfahrung bringen, ob die Ratschläge der Eltern sinnvoll waren und befolgt wurden oder ob sie keine Relevanz hatten und abgelehnt oder ignoriert wurden. Während Sie zuhören, überlegen Sie, ob Ihre eigenen Eltern ähnliche Ratschläge geben würden wie die Ihres Partners. Wenn dem so ist, erhöht sich die Chance, daß Sie zusammenpassen. Falls nicht, so bietet dies Konfliktpotential oder stellt Sie zumindest vor Loyalitätsprobleme in Ihrer zukünftigen Beziehung.

In Ihrem eigenen Interesse sollten Sie sich frühzeitig fragen: *«Wie würden sich meine Eltern mit denen meines Partners verstehen? Wie käme seine/ihre Mutter mit meinem Vater zurecht? Und wie wäre es mit seinem/ihrem Vater und meiner Mutter?»* Wenn Sie zusammenleben, werden Ihre Eltern-Ichs ebenfalls zusammenleben. In den Lebensbereichen, in denen Ihre Eltern übereinstimmen würden, würden auch Ihre Eltern-Ichs harmonieren. Jene, in denen Ihre Eltern nicht im Einklang wären, würden ein Spannungspotential bieten. Wenn beispielsweise Ihre Eltern und die Ihres Partners sich einig wären, wie notwendig gute Schulbildung ist, dann würden Sie sich gegenseitig dabei unterstützen, sich auch im Laufe Ihrer Ehe fortzubilden. Sie wären wahrscheinlich gerne bereit, Opfer auf sich zu nehmen, um Ihren Kindern eine gute Ausbildung zu ermöglichen. Wenn aber seine oder ihre Eltern der Meinung wären, daß Schule reine Zeitverschwendung ist und daß sich ein Mensch hocharbeiten muß, dann würden Sie wahrscheinlich im Zusammenleben erhebliche Schwierigkeiten in bezug auf Ihre eigene Weiterbildung und die Erziehung Ihrer Kinder haben.

Eine andere Frage, die auf das Verhalten des anderen schließen läßt, ist: «*Was haben Ihre Eltern mit ihrer Zeit angefangen?* Waren sie ständig unterwegs? Haben sie sich um ihre Kinder gekümmert, oder waren sie viel zu sehr mit sich beschäftigt? Haben sie sich für ihre Familie Zeit genommen, oder haben sie nur gearbeitet, sei es im Büro oder in Haus und Garten?» Die Vorbilder, die Ihnen als Kind begegneten, die Zeitvorstellungen und Prioritäten, die Ihnen vermittelt wurden, haben eine bleibende Wirkung auf Ihr eigenes Erwachsenenleben. Craigs Eltern zum Beispiel nahmen sich immer die Zeit, ihm bei den Hausaufgaben zu helfen oder ihm bei Baseballturnieren zuzuschauen. Sie bezogen ihn in Familiendiskussionen mit ein und waren offen für seine Meinung, auch wenn sie sich eine Entscheidung letztendlich vorbehielten. Sie trugen seinen Bedürfnissen Rechnung, ohne ihm alles zu erlauben und durchgehen zu lassen. Als Konsequenz entwickelte Craig ein Eltern-Ich mit eben diesen Eigenschaften. Als er Jeannette kennenlernte, behandelte er sie auf dieselbe Art und Weise wie seine Eltern ihn. Er unterhielt sich mit ihr und war ihren Argumenten gegenüber aufgeschlossen. Er plante genügend Zeit für gemeinsame Unternehmungen ein und war darauf bedacht, zur Verfügung zu stehen, um sie bei wichtigen Anlässen zu begleiten. Er wußte, daß ihr Leben genauso wichtig war wie seins.

Pauls Eltern hingegen hatten nie Zeit für ihn gehabt. Von früh bis spät machten sie sich entweder im Garten oder im Haus zu schaffen. Sein Vater war sehr ungeduldig und wurde schnell ärgerlich, wenn Paul seine Aufgaben nicht mit größter Sorgfalt erledigte. Damals entschloß sich Paul, ebenso geschäftig zu sein wie seine Eltern. Als er älter wurde und mit Freundinnen ausging, waren ihm Frauen schon suspekt, deren Wohnung nicht makellos war. Statt zum Brunch ins Café zu gehen, erbot er sich, die klemmende Schranktür zu reparieren. Er war eine große Hilfe, wenn es etwas zu tun gab, aber bei einer Verabredung redete er nur von den jeweiligen Projekten, an denen er gerade arbeitete, oder davon, was er noch alles vorhatte.

«*Hatten Ihre Eltern einen großen Freundes- und Bekanntenkreis? Gingen sie unter Menschen, oder zogen sie sich eher zurück? Luden sie oft Freunde zu sich ein?*» Die Einstellung der Eltern Freunden gegenüber beeinflußt nachhaltig das eigene Verhältnis zu einer Liebesbeziehung. Wurde jemand in einer Umgebung groß, wo Freunde ein und aus gingen, so wird er oder sie auch als Erwachsener gerne in Gesellschaft sein. Hatten die Eltern keine Freunde, wird ihm der Umgang mit Gästen ungewohnt sein, und er wird sich unwohl fühlen, wenn jemand unangemeldet vorbeikommt oder er eine Party geben soll. Lorraine erinnert sich daran, daß ihre Eltern «das Haus zu einem Schweinestall verkommen ließen. Ich fand es schrecklich. Ich brachte nie Freundinnen mit, weil ich nicht wollte, daß sie sahen, wie schmutzig es bei uns war. Selbst heute kann ich es noch nicht leiden, wenn Leute einfach reingeschneit kommen. Ich habe Angst, daß sie die Wohnung sehen, wenn sie nicht aufgeräumt ist.»

«*Wie kamen Ihre Eltern miteinander aus?*» Führten sie eine harmonische Ehe, so wird Ihr Gesprächspartner ebenfalls Fähigkeiten entwickelt haben, um eine dauerhafte Beziehung aufzubauen. War die Ehe der Eltern weniger glücklich, so wird das Spuren hinterlassen haben. Das soll nicht heißen, daß dieser Mensch notwendigerweise die elterlichen Probleme übernommen hat. Aber er muß sich mit dieser Vorbelastung auseinandersetzen. Die sich anschließende Frage wäre: «*Was würden Sie gerne in Ihrer eigenen Beziehung anders machen?*»

Die Bereiche in der elterlichen Beziehung, in denen es Konflikte und Unzufriedenheit gab, werden auch für die Kinder problematisch sein. «*Mit welchen Beziehungsproblemen konnten Ihre Eltern nicht umgehen? Was war das Hauptproblem in ihrer Ehe?*» Diese Fragen werden Ihnen helfen, die Träume und Persönlichkeitsstruktur Ihres Partners nachzuvollziehen.

Ein ähnlicher Fragenkomplex ist: «*Was waren die Meinungsverschiedenheiten zwischen Ihren Eltern?*» Stritten sie über Geld, Politik, die Kinder, Sex, Freizeit oder Pflichten? «*Wie gingen sie damit um?*» Brüllten sie sich an, wurden sie sarkastisch, zogen sie sich zurück und erklärten einander den kalten Krieg, oder wurden Differenzen friedlich beigelegt? Da Diskussionen einen wichtigen Teil jeder Beziehung darstellen, sollte man wissen, wie und wie oft Konflikte im Leben des anderen ausgetragen wurden.

Es gibt noch weit mehr Gebiete, die Sie anschneiden oder Dinge, auf die Sie achten können, um Hinweise auf die Art Ihrer künftigen Beziehung zu erhalten. Sie könnten zum Beispiel einmal beobachten, wie sich der andere im Umgang mit einem Kranken verhält. Ist er liebevoll oder gleichgültig, kümmert er sich, oder hält er sich fern? Dem können Sie entnehmen, wie es wäre, wenn Sie krank würden. Es zeigt auch, was der oder die andere von Ihnen im Krankheitsfall erwartet.

Die wichtigsten Fragen, die Sie über Eltern stellen können, sind allgemeiner Natur: «*Waren elterliche Einflüsse und Kindheitserlebnisse für Ihre früheren Beziehungen hilfreich oder nachteilig? Wie und wann könnten die elterlichen Verhaltensmaßregeln wieder an Bedeutung gewinnen?*»

Nach diesem Informationsaustausch können Sie sich eine konkrete Vorstellung davon machen, wie Ihre Beziehung aussehen wird, wenn Sie sie weiterverfolgen. Denken Sie daran, daß dieser Austausch beidseitig sein sollte, damit Ihr Partner auch Sie näher kennenlernt und weiß, wie Sie sich in bestimmten Situationen verhalten.

Zusammenfassung: Fragen an das Eltern-Ich

«Wie waren Ihre Eltern, als Sie heranwuchsen?»

«Wie sind Ihre Eltern heute? Wie ist Ihr Verhältnis?»

«Wie war die Einstellung Ihrer Eltern zur Ehe, zu Geld, Erziehung, Freundschaft, Kinder, Sex, Ernährung?»

«Wie sehr beeinflußten Sie die Ansichten Ihrer Eltern damals, und wie ist es heute?»

«Welchen Rat würden Ihnen Ihre Eltern geben, um jemanden kennenzulernen (oder zur Ehe, zum beruflichen Weiterkommen, zur Kindererziehung, bei Diskussionen, Geldproblemen usw.)?»

«Neigen Sie dazu, den Rat eines Elternteils zu befolgen, oder gehen Sie lieber Ihren eigenen Weg?»

«Wie würden sich meine Eltern mit denen meines Partners verstehen?»

«Was haben Ihre Eltern mit ihrer Zeit angefangen?»

«Hatten Ihre Eltern einen großen Freundes- und Bekanntenkreis?»

«Wie kamen Ihre Eltern miteinander aus?»

«Was würden Sie gerne in Ihrer eigenen Beziehung anders machen?»

«Mit welchen Beziehungsproblemen konnten Ihre Eltern nicht umgehen? Was war das Hauptproblem in ihrer Ehe?»

«Was waren die Meinungsverschiedenheiten zwischen Ihren Eltern? Wie gingen sie damit um?»

«Waren elterliche Einflüsse oder Kindheitserlebnisse für Ihre früheren Beziehungen hilfreich oder nachteilig? Wie und wann könnten die elterlichen Verhaltensmaßregeln wieder an Bedeutung gewinnen?»

Fragen an das Erwachsenen-Ich

Das Erwachsenen-Ich ist wie ein Muskel: Je mehr man ihn gebraucht, desto kräftiger wird er. Das Erwachsenen-Ich sollte in dem Menschen, in den Sie sich verlieben, besonders ausgeprägt sein. Dann sind interessante Gespräche und ein wertvoller Erfahrungsaustausch möglich. Ein Mensch mit einem starken Erwachsenen-Ich kann eine gute Position bekleiden und ist oft daran interessiert, sich beruflich weiterzubilden. Sie oder er bewältigt spielend die alltäglich anfallenden Pflichten, begleicht Rechnungen, hält das Auto in Ordnung, kann ein freies Wochenende planen usw.

Und was ebenso wichtig ist: Ein Mensch mit einem starken Erwachsenen-Ich ist in der Lage, auftretende Probleme mit Ihnen auf rationale Art und Weise zu lösen. Er oder sie betrachtet Gefühle als nicht zu unterschätzende Faktoren, läßt sich aber nicht ausschließlich von ihnen leiten. Das soll nicht heißen, daß diese Menschen wie Roboter funktionieren und Logik als einziges Kriterium im Entscheidungsprozeß gelten lassen. Vielmehr verfügen sie über die notwendigen Fähigkeiten, mit Krisen, Problemen und den alltäglichen Pflichten sachlich und nüchtern umzugehen. Sie können zwischen den verinnerlichten Werten und dem Verhalten, das der Moment erfordert, unterscheiden. Sie können sich darauf verlassen, daß diese Menschen sich Problemen stellen, ohne sie überzubewerten oder abzutun. Sie werden Ihnen hilfreich zur Seite stehen, wenn Schwierigkeiten auftauchen oder schnelle Entscheidungen getroffen werden müssen.

Durch folgende Fragen können Sie mehr über das Erwachsenen-Ich eines Menschen herausfinden: «*Worüber unterhalten Sie sich gern?*» Eine einfache Frage, aber da in jeder Beziehung viel Zeit mit Gesprächen verbracht wird, wissen Sie, was in Zukunft auf Sie zukommen wird. Denken Sie in diesem Zusammenhang an sogenannte Gemeinplätze, das heißt allgemeine Themen, mit denen man mit anderen Menschen in Kontakt kommt. Sie spiegeln die Interessen eines Menschen und seine Werte und Prioritäten bezüglich seiner Zeit wider.[24] Bei manchen Menschen ist es die *Ernährung*. Ihre Unterhaltung dreht sich hauptsächlich um Diäten, Rezepte, Picknicks, Restaurants, wie ihre Kleidung paßt, Kinderernährung, regelmäßige Verdauung usw. Ein anderer Gemeinplatz ist *Macht*. Diese Menschen reden viel von Autorität und von berühmten Leuten, die sie angeblich kennen. Sie kleiden und verhalten sich auffällig, damit die anderen ihre Wichtigkeit bemerken. Sie beobachten die Machtkämpfe ihrer Umgebung und bauen am Arbeitsplatz gern ein Macht- und Intrigennetz auf. Andere leben in einer Welt von *Emotionen*, achten genau darauf, wie sich ein Mensch – sie selbst eingeschlossen – fühlt. Sie machen sich Gedanken darüber, wie es anderen geht, und haben Angst, deren Gefühle zu verletzen. Ihr ganzes Leben besteht aus einer emotionalen Berg- und Talfahrt – sie befinden sich immer in einer extremen Gemütsverfassung. Für andere besteht der Sinn des Lebens im *Geld*. Wieder andere interessieren sich für *Sex* und Flirts und scheinen ständig sexuelle Witze und Andeutungen zu machen. Es gibt eine Vielzahl von allgemeinen Themen. Wenn Sie Ihre kennen, können Sie einschätzen, worüber Sie als Paar reden und womit Sie Ihre Zeit verbringen werden. Dann sollten Sie entscheiden, ob sich Ihre Gesprächsthemen vereinbaren lassen.

Sind Sie etwas wagemutiger, so können Sie fragen: «*Welchen Gesprächsthemen gehen Sie lieber aus dem Weg?*» Die Antwort auf diese Frage erfordert mehr Vertrauen und Offenheit als manche andere. Aber so können Sie schon früh feststellen, welche Themen problematisch sind. Manche Menschen reden nicht gern über Geld, andere nicht über Sex. Manche vermeiden es, von ihrer Vergangenheit oder Zukunft zu sprechen. Andere gehen jeder Art von Thema aus dem Weg, das Konfliktstoff bieten könnte. Wenn Paare ein bestimmtes Thema vermeiden, geraten sie oft später darüber in Streit; für eine gute Beziehung ist es daher wichtig, über alles reden zu lernen.

«Wie haben Sie sich im Laufe der Jahre verändert? Wie erklären Sie diese Veränderungen?» Es ist interessant zu erfahren, wie jemand die eigenen Veränderungen einschätzt und auf was er sie zurückführt. Daraus können Sie ersehen, ob der andere an sich eine Entwicklung feststellt oder noch auf der Suche ist, ob er an sich arbeitet oder sich treiben läßt. Es kann Ihnen Hinweise darauf geben, in welche Richtung die Zukunft des anderen gehen wird und wie leicht oder schwer es sein wird, ihn auf seinem Weg zu begleiten.

«Auf welche persönlichen und beruflichen Erfolge sind Sie besonders stolz? Welche Herausforderungen haben Sie erfolgreich bestanden? Mit welchen Problemen mußten Sie dabei fertig werden?» Die meisten Menschen erzählen gern von ihren Stärken, solange es nicht nach Angeberei klingt. Fragen Sie sie danach; Sie werden feststellen, daß Ihr Gegenüber bemerkenswerte Seiten hat, die nicht auf den ersten Blick ersichtlich sind.

Sie können diese Art Fragen weiterführen: *«Welchen Bereichen einer Beziehung fühlen Sie sich gewachsen, und welche stellen für Sie ein Problem dar?»* Menschen wissen gewöhnlich, was sie gut können. Fragt man sie, so können sie ihre Fähigkeiten meist recht gut einschätzen. Sie müssen nur aufmerksam zuhören und dürfen nicht über Bemerkungen hinweggehen, die Sie nicht verstehen. Es ist besser, diese Punkte sofort zu klären, als später mit ihnen konfrontiert zu werden.

«Welche Ihrer Schwächen würden Sie gern in einer Beziehung aufarbeiten? Gibt es etwas, das Ihnen an Ihnen nicht gefällt und das Sie ändern wollen? Haben Sie eine Idee, wie Sie das bewerkstelligen können?»* Diese Fragen müssen Sie eventuell aufheben, bis eine Vertrauensbasis zwischen Ihnen besteht. Nur wenige Menschen sprechen gern von ihren innersten Zweifeln, wenn sie jemanden neu kennenlernen. Dennoch sind den meisten von uns ihre Fehler bewußt. Sie zu verbergen, kann viel unnötige Energie kosten; offen darüber zu reden, mag erleichternd und interessant sein. Verschämt

über dieses Thema zu schweigen, kann eine neue Barriere in Ihrer Beziehung errichten.

«Beschreiben Sie Ihren idealen Mitbewohner. Welche Züge empfinden Sie als angenehm, und welche würden Sie am meisten stören?» Es kann romantisch sein und ist zugleich sinnvoll, wenn man sich darüber unterhält, welche Eigenschaften man an einem Partner bevorzugt. Das fällt leicht. Aber es ist auch wichtig zu bereden, was man nicht mag. Sie könnten fragen: «Wie ist Ihre Einstellung zum Schnarchen, zu schmutzigem Geschirr, Nägelkauen, Lockenwicklern, Telefonieren, Rechnungen bezahlen, rücksichtsvollem Fahren, lauter Musik, Mahlzeiten vor dem Fernseher?» Die meisten Menschen wissen, was ihnen nicht paßt. Aus den Antworten können Sie ersehen, ob Sie den Vorstellungen des anderen entsprechen und umgekehrt.

«Welche Pläne haben Sie für die Zukunft? Arbeiten Sie daran?» Es macht Spaß, von der Zukunft zu träumen, aber ein Zeichen des Erwachsenseins ist es, seine Träume in die Tat umzusetzen. Jemand, der ein Ziel vor Augen hat, wird sich stärker für eine dauerhafte Beziehung engagieren. Er wird seine Zeit sinnvoll nutzen und nicht vergeuden wollen. Wenn dieser Mensch für Sie interessante Langzeitziele anstrebt, erhöht sich das Potential Ihrer Gemeinsamkeiten.

«Treffen Sie gern Entscheidungen?» Jeder Mensch hat seine eigene Art, Entscheidungen zu fällen. Wie er damit umgeht, wird sich maßgeblich auf Ihre Beziehung niederschlagen. Entscheidet sich jemand impulsiv, käme Ihnen das zu unvermittelt? Wägt er stundenlang ab, empfänden Sie diesen Menschen als zu umständlich und übervorsichtig? Fragt er stets andere um Rat, trauten Sie ihm dann etwas zu?

Finden Sie auch heraus, wie er in einer Partnerschaft Entscheidungen fällen würde. *«Wie fällen Sie gewöhnlich Entscheidungen, die einen anderen mit betreffen?»* Werden Entscheidungen gemeinsam getroffen? Wird Ihr Partner es Ihnen überlassen? Oder will er oder sie alles alleine entscheiden oder Entscheidungen aus dem Weg gehen, in der Hoffnung, daß sich schon alles finden wird?

«Wie lösen Sie Probleme?» Hört sich Ihr Interviewpartner zuversichtlich an, was den Umgang mit Problemen angeht, ist er übertrieben verantwortungsbewußt, oder geht er persönlicher Verantwortung lieber aus dem Weg? Ist dieser Mensch bereit, gemeinsam mit

dem Partner Probleme aufzuarbeiten, oder steht er auf dem Standpunkt: «Wenn du etwas richtig gemacht haben willst, dann mach es selbst»? Was würde von Ihnen erwartet, wenn Sie gemeinsame Entscheidungen zu fällen hätten? Wenn Sie nicht damit einverstanden wären, was würden Sie tun? Jeder Mensch geht anders mit Problemen um, und keine Art ist besser oder schlechter als die andere. Aber Sie müßten sich überlegen, ob Sie mit seiner/ihrer Art leben könnten.

Neben den allgemeinen Fragen gibt es noch zahlreiche mehr oder weniger wichtige Details, die es dennoch wert sind, frühzeitig geklärt zu werden. Zum Beispiel: «*Wie ist Ihre Einstellung zur Hausarbeit?* Was würden Sie selber machen, und was würden Sie von Ihrem Partner erwarten?» Diese Frage stellt ein zentrales Thema für viele Leute dar und führt oft zum Streit. Wer soll die Kleidungsstücke, die der andere fallengelassen hat, aufheben? Wer bezahlt die Rechnungen? Wer besorgt die Wäsche und wer das Bügeln? Früher war dies kein Thema. Aber heute wäre es schon wichtig zu wissen, ob Ihr zukünftiger Partner traditionelle Ansichten vertritt, alternative Vorstellungen teilt oder eine Mischung aus beidem.

Eine andere schwerwiegende Frage ist: «*Wie ist Ihre Einstellung zu Geld?*» Das ist oft ein heikles Thema. Dennoch muß es angesprochen werden, da Geld einer der Hauptstreitpunkte in vielen Ehen ist. Gehen zwei Menschen unterschiedlich mit Geld um, gibt es oft stundenlange hitzige Diskussionen. Man lernt den anderen nicht unbedingt einschätzen, wenn man nur mitbekommt, wie er bei einer Verabredung Geld ausgibt. Das kann irreführend sein. Jemand, der bei einem Rendezvous großzügig ist, kann sich später durchaus als Geizkragen entpuppen.

«*Macht es Ihnen etwas aus, über Sex zu reden?*» Dies ist offensichtlich keine besonders passende Frage für die erste Verabredung. Den meisten Menschen ist sie zu intim. Trotzdem sollten Sie die Antwort so früh wie möglich in Erfahrung bringen, bevor Sie emotional zu involviert sind, um noch rationale Schlußfolgerungen ziehen zu können. Die meisten Paare durchleben Phasen sexueller Frustration. Wenn sie nicht in der Lage sind, darüber zu reden, wie sollen sie dann damit umgehen? Es mag problematisch für Sie sein, freimütig über Sexualität zu reden, vor allem mit jemandem, den Sie nicht sehr gut kennen. Dann warten Sie ab, bis sich eine Gelegenheit dazu ergibt.

Zusammenfassung: Fragen an das Erwachsenen-Ich

«Worüber unterhalten Sie sich gern?»
«Welchen Gesprächsthemen gehen Sie lieber aus dem Weg?»
«Wie haben Sie sich im Laufe der Jahre verändert?»
«Auf welche persönlichen und beruflichen Erfolge sind Sie besonders stolz?»
«Welchen Bereichen einer Beziehung fühlen Sie sich gewachsen, und welche stellen für Sie ein Problem dar?»
«Welche Ihrer Schwächen würden Sie gern in einer Beziehung aufarbeiten?»
«Beschreiben Sie Ihren idealen Mitbewohner. Welche Züge empfinden Sie als angenehm, und welche würden Sie am meisten stören?»
«Welche Pläne haben Sie für die Zukunft?»
«Treffen Sie gern Entscheidungen?»
«Wie fällen Sie gewöhnlich Entscheidungen, die einen anderen mit betreffen?»
«Wie lösen Sie Probleme?»
«Wie ist Ihre Einstellung zur Hausarbeit?»
«Wie ist Ihre Einstellung zu Geld?»
«Macht es Ihnen etwas aus, über Sex zu reden?»

Übung: Welche Fragen sind noch offen geblieben?

Möglicherweise gibt es für Sie wichtige, ja sogar entscheidende Fragen, die nicht in unserem Fragenkatalog vorkommen. Denken Sie einen Augenblick in Ruhe darüber nach. Schreiben Sie sie auf, damit Sie Ihnen nicht verlorengehen.

Ein weiser Rat

Die oben erwähnten Fragen und Denkanstöße sollten nicht dazu führen, die Partnersuche kalt und berechnend anzugehen. Versuchen Sie, eine entspannte Atmosphäre zu schaffen, in der es beiden Spaß macht, dem anderen Fragen zu stellen. Sie könnten natürlich auch vorschlagen, den Abend bewußt als gegenseitiges Interview zu gestalten. Ob Sie nun sich selbst befragen oder Ihr Partner Sie, Sie werden sicherlich dabei auch ein paar interessante neue Aspekte über Ihre eigene Persönlichkeit erfahren.

Je mehr Sie über Ihren Partner frühzeitig erfahren, desto vernünftiger wird Ihre Entscheidung ausfallen. Entwickelt sich aus der Bekanntschaft dann Liebe, so basiert sie auf einem Fundament von Wissen und nicht nur von Hoffnung und Phantasie.

6 Wir verlieben uns

«Ich hätte nie gedacht, daß es einen so vollkomme-
nen Menschen geben könnte. Er erfüllt mein Ideal
von einem Mann bis aufs i-Tüpfelchen. Ich habe jah-
relang nach ihm gesucht. Manchmal hatte ich das
Gefühl, ich jage einer Utopie nach. Aber jetzt habe
ich ihn endlich gefunden!»

«Als ich sie zum erstenmal sah, dachte ich, ich würde
den Boden unter den Füßen verlieren. Es war ein
ganz intensives Gefühl, wie auf Wolken zu schweben.
Aber es hat mir keine Angst gemacht; es war einfach
anders, als ich es je zuvor erlebt hatte, und das Selt-
same war, daß es mir gar nichts ausmachte.»

«Er liebt mich, er liebt mich nicht... Manchmal bin
ich mir sicher, daß er mich liebt, dann zweifle ich
wieder daran. Manchmal fühle ich mich wie im sieb-
ten Himmel, dann wieder durchleide ich Höllenqua-
len. Langsam frage ich mich, ob das alles ist, was es
mit der Liebe auf sich hat.»

Sich zu verlieben, ist ein ganz besonderes Ereignis im Leben eines
Menschen. Wir alle möchten uns verlieben, und wenn es geschieht,
erwachen wir wie zu neuem Leben. Plötzlich sind wir voller Energie,
Enthusiasmus und Verlangen, und alles geht uns leicht von der
Hand. Wir nehmen vieles anders wahr als bisher. Die Zeit, die wir
mit dem/der Geliebten verbringen, ist zu kurz, und die Zeit, die wir
voneinander getrennt sind, viel zu lang.

Die erste Phase des Verliebtseins ist oft voller Aufregung, Romantik und Leidenschaft. Abendessen bei Kerzenlicht, anregende Gespräche, ausgedehnte Spaziergänge und Momente voller Zärtlichkeit gehören zu unseren häufigsten gemeinsamen Erlebnissen.
Ebenso spontane Wochenendausflüge und Kurzreisen, Jogging im
Park oder Tauchen, mitternächtliche Schneeballschlachten und den
Sternenhimmel betrachten.

Während dieser Zeit glauben viele Paare, daß sie den langersehnten Partner fürs Leben gefunden haben – ihr Traum von der großen Liebe hat sich offenbar erfüllt. Sie haben ein eher romantisch-verklärtes als realistisches Bild voneinander.

In diesem Kapitel werden wir auf die romantischen Gefühle und Gedanken eingehen, die uns erfüllen, wenn wir den ersten Liebesrausch erleben. Sie werden etwas von der Liebe auf den ersten Blick erfahren, davon, wie die Liebe Verstand und Körper beeinflussen kann, und von den Höhen und Tiefen, die Liebende durchleben können. Wir werden auch die gemeinsamen Zukunftsträume untersuchen, die sich aus der romantischen Phase entwickeln, die wechselseitige Idealisierung der Partner und die Versuche, diesen Idealen gerecht zu werden. Außerdem werden die Herausforderungen erwähnt werden, denen sich ein Liebespaar stellen muß, um eine solide Basis für die zukünftige Partnerschaft zu schaffen.

Die romantische Phase

Viele verwechseln Romantik mit Liebe. Klischeevorstellungen und Mythen über das Verliebtsein stiften oft noch mehr Verwirrung. Die Verliebtheit ist nur die erste Stufe der Liebe. Die erste romantische, verliebte Phase bringt Sentimentalität, Leidenschaft und die Idealisierung des Partners mit sich. Daraus kann sich Liebe entwickeln, es kann tragisch enden oder zu Gleichgültigkeit und Trennung führen.

Während des romantischen Stadiums einer Beziehung geschehen gewöhnlich drei Dinge: Wir verlieben uns, wir idealisieren den Partner, und wir träumen von einer gemeinsamen Zukunft. Träume und Hoffnungen auf ein gemeinsames Leben «bis daß der Tod uns scheidet» werden wach und entwickeln sich zur treibenden Kraft in der Beziehung. Gewöhnlich idealisieren beide Partner die neue Beziehung, um ihren Traum von einer gemeinsamen Zukunft zu nähren. Beide zeigen sich nur von ihrer besten Seite und glauben, daß sie dem anderen etwas Besonderes geben können und auch etwas Besonderes zurückbekommen. Als Paar entwickeln sie gemeinsame Zukunftsvorstellungen und versprechen einander, an ihnen festzuhalten. Sie versuchen beide ihre individuellen Träume an die des

Partners anzupassen, um ein ideales Paar zu werden. Da diese Prozesse die Grundlage für die Zukunft der Partnerschaft bilden, sollten wir jeden einzelnen einmal genauer betrachten.

Wenn wir uns verlieben, erleben wir überwältigende und eigentümliche Gefühlszustände. Wir sind wie verzaubert, haben das Gefühl, den Partner schon ewig zu kennen oder sich in einem früheren Leben begegnet zu sein. Oder wir fühlen uns wie «in eine andere Welt versetzt», in der nichts wichtiger ist, als mit dem geliebten Menschen zusammen zu sein. Viele Verliebte beschreiben dieses Gefühl so: «Als ich sie zum ersten Mal sah, wußte ich, daß ich sie eines Tages heiraten würde» oder «Wir waren füreinander bestimmt. Es war Schicksal». Andere Sorgen und Nöte treten in den Hintergrund. Manche befinden sich vorübergehend in einem Zustand geistiger Umnachtung, einer manisch-depressiven Gemütsverfassung, in der man in Hochstimmung ist, wenn alles gut verläuft und in Depressionen verfällt, wenn etwas schiefläuft.[25] Außenstehende bezeichnen dies vielleicht als «Vernarrtheit», die Betroffenen jedoch als «Liebe».

Definitionen können die Kommunikation erleichtern. Doch wenn es um «Liebe» geht, sind Definitionen unzulänglich. Manch einer behauptet vielleicht: «Liebe ist Hingabe.» Ein anderer sagt wiederum: «Liebe heißt, füreinander da zu sein.» Wieder andere meinen: «Liebe bedeutet, seine eigenen Bedürfnisse für das Wohlergehen des anderen zurückzustellen.» Dann gibt es welche, die Liebe mit Schönheit, Stolz und Macht in Verbindung bringen. Keine Definition von Liebe kann die Vielfalt menschlicher Erfahrung wiedergeben, wenn man verliebt ist. Die Liebe ist zu rätselhaft und facettenreich. Darüber hinaus hat jeder Mensch seine eigene Vorstellung von Liebe und davon, was Lieben bedeutet.

Übung: Was Liebe für mich bedeutet

Liebe hat für jeden Menschen eine unterschiedliche Bedeutung. Sie suchen jemanden, der dasselbe darunter versteht wie Sie. Machen Sie sich ein paar Minuten lang Gedanken darüber.

Beantworten Sie bitte auf einem Blatt Papier folgende Fragen:

- ❑ Wie ist Ihre Definition von Liebe?
- ❑ Wie sind Ihre Ansichten über das «Sichverlieben»?
- ❑ Neigen Sie dazu,
  - sich langsam zu verlieben
  - sich kopfüber hineinzustürzen
  - Gelegenheiten dazu aus dem Weg zu gehen oder davonzulaufen, wenn es geschieht?
- ❑ Stellen Sie bei sich ein bestimmtes Verhaltensmuster fest, wenn Sie sich verliebt haben?

Voraussetzungen, um sich zu verlieben

Wie immer man Liebe auch definiert, so müssen interessanten Untersuchungen zufolge dennoch bestimmte Voraussetzungen erfüllt sein, um sich überhaupt zu verlieben. Zunächst einmal prägt das kulturelle Umfeld, in dem man aufwächst, eine in gewissem Sinne normative Vorstellung von «Liebe». In den westlichen Industrienationen zum Beispiel werden Menschen durch eine beständige Flut von romantischen Liebesgeschichten, besonders im Fernsehen und anderen Massenmedien, über das Phänomen des Verliebtseins informiert und darauf vorbereitet, es selbst einmal zu erleben. Dies erzeugt die Einstellung, daß Verliebtheit ein erstrebenswerter Zustand ist. Es überrascht deshalb nicht, daß Jugendliche sich nicht nur verlieben *wollen*, sondern daß dies sogar von ihnen *erwartet* wird.[26]

Die zweite Voraussetzung ist eine positive Erwartungshaltung. Je fester man an die Liebe glaubt, desto wahrscheinlicher ist es, daß man sie auch erlebt. Wenn man an «Liebe auf den ersten Blick» glaubt, kann das schon ausreichen, sich wirklich zu verlieben. Andererseits werden Menschen, die überhaupt nicht an Liebe denken oder ernsthaft an ihr zweifeln, wahrscheinlich selten den richtigen Partner finden.[27]

Liebe auf den ersten Blick

Sich verlieben, ist häufig ein plötzliches, unerwartetes Ereignis – Liebe auf den ersten Blick. Diejenigen, die das schon einmal erlebt haben, glauben in der Regel auch daran; wer es nicht erlebt hat, nicht. Eine Untersuchung ergab, daß mehr als 50 Prozent der befragten Erwachsenen sich mindestens schon einmal auf den ersten Blick verliebt haben.[28]

Paul erzählt: «Ich wußte immer, daß ich es einmal erleben würde. Als ich sie zum erstenmal sah, wußte ich sofort, daß sie die Frau war, auf die ich die ganze Zeit gewartet hatte. Wir machten einen langen Spaziergang und unterhielten uns stundenlang. Ich war total fasziniert von ihr. Ich wußte damals, daß das lange Warten endlich vorbei war und daß sich mein Traum erfüllt hatte.» Seine Partnerin Laura fügte hinzu: «Ich dachte immer, Liebe auf den ersten Blick gibt es nur im Film oder bei anderen Leuten, weil ich mich immer für einen nüchternen Menschen gehalten habe. Aber als ich ihn kennenlernte, mußte ich meine Meinung ändern. Ich weiß jetzt, daß es so etwas wirklich gibt, weil es mir selbst passiert ist!»

Manchmal wird nichts aus der Liebe auf den ersten Blick. Tom erinnert sich traurig: «Ich dachte wirklich, sie wäre es. Sie schien völlig meiner Idealvorstellung zu entsprechen. Als ich sie kennenlernte, war sie warmherzig, liebevoll und feinfühlig. Aber später stellte sich das Gegenteil heraus. Zwei Jahre später machten wir Schluß. Ich sehe jetzt, daß es falsch war, sich vom Zauber des ersten Abends hinreißen zu lassen und von einer gemeinsamen Zukunft zu träumen.» Jeder kann sich verlieben, aber es gibt keinerlei Garantie für eine erfolgreiche Entwicklung der Beziehung. Deshalb versäumen Sie nicht, Ihren Partner erst einmal besser kennenzulernen, bevor Sie sich Hals über Kopf verlieben. Es kann Ihnen eine Menge Schmerzen ersparen. Die folgende Übung soll Ihnen helfen, sich über *Ihre* persönliche Einstellung zur Liebe auf den ersten Blick klarzuwerden.

Du gehst mir einfach nicht aus dem Kopf!

Für manche Paare wird die Beziehung so intensiv, daß sie ständig an den anderen denken müssen. Selbst eine kurze Trennung weckt ihre Sehnsucht, dem anderen nah zu sein.

Die starke Fixierung auf den geliebten Menschen ist ein typisches Merkmal der frühen romantischen Phase. Dieses beständige Interesse am Partner ist ganz natürlich und verleiht der Beziehung Spannung und Intensität. Lucy berichtet: «Wenn ich ins Bett gehe, denke ich daran, was wir heute gemeinsam erlebt haben. Dann träume ich von ihm und wache auf mit dem Wunsch, wieder mit ihm zusammen zu sein.»

Übung: Haben Sie schon einmal Liebe auf den ersten Blick erlebt?

Versuchen Sie sich an frühere Liebesbeziehungen zu erinnern und schreiben Sie auf:

❏ Haben Sie sich je auf den ersten Blick verliebt?
  – Wenn ja, was haben Sie in diesen Momenten gedacht und empfunden?
❏ War Ihre Erfahrung positiv und lohnenswert oder verwirrend und irreleitend?
❏ Wenn Sie jetzt zurückdenken, was haben Sie dann aus dieser Erfahrung gelernt?
  – Möchten Sie sich wieder verlieben?
  – Würden Sie sich heute anders verhalten?

Wenn sie getrennt sind, ist es für viele Menschen, die sich auf dem Höhepunkt der romantischen Phase befinden, normal, aufgeregt auf ein Türklingeln oder einen Telefonanruf zu warten und zu hoffen, daß es der oder die Geliebte ist. Tag und Nacht erinnern viele Kleinigkeiten an den Partner. Ein Lied im Radio, ein Restaurant, ein Sonnenuntergang können die Erinnerung an ihre gemeinsame Zeit wachrufen und Sehnsucht nach dem anderen wecken.

Manche können sich stundenlang mit engen Freunden oder Verwandten über ihren Geliebten/ihre Geliebte unterhalten. Ihre Begeisterung kann so überhandnehmen, daß sie nicht bemerken, wie sie andere vielleicht mit ihren Geschichten langweilen. Diese emotionale Fixierung auf den geliebten Menschen kann solche Ausmaße annehmen, daß man alle anderen Verpflichtungen vernachlässigt. Carlos erzählt: «Ich kann mich nur schwer auf meine Arbeit konzentrieren, und es sammelt sich immer mehr an. Ich ermahne mich immer wieder zu arbeiten, aber statt dessen gebe ich mich Tagträumereien hin. Neulich war ich auf einer Besprechung, und jemand stellte mir eine Frage. Ich habe die Frage nicht einmal gehört. Ich wußte gar nicht, was los war, bis die anderen alle anfingen zu lachen.»

Liebe beeinflußt erwiesenermaßen nicht nur unsere Gefühlswelt, sondern auch unsere Gehirnfunktionen. Man hat festgestellt, daß unser Gehirn, sobald wir ein Gefühl als Liebe identifizieren, vermehrt Phenyläthylamin produziert, eine Substanz, die ein emotionales Hoch bewirkt und aufrechterhält. Interessanterweise hat man denselben Stoff in Schokolade nachgewiesen.[29]

Verliebtsein beeinflußt nicht nur die Gehirnfunktionen, sondern auch unsere Eßgewohnheiten. Appetitlosigkeit ist bei vielen Menschen ein erstes Anzeichen für Verliebtheit. Eine Frau meinte bedauernd dazu: «Zu schade, daß diese frühe Phase der Verliebtheit nicht immer anhält. Dann brauchte ich nie mehr eine Schlankheitsdiät zu machen.»

Liebe hat auch noch andere physische Auswirkungen. Stellen Sie sich einen Moment lang vor, daß der Mensch, in den Sie verliebt sind, auf einer Party oder auf der Straße auf Sie zugeht. Was fühlen Sie? Manche erleben körperliche Reaktionen wie feuchte Hände, Kribbeln in der Magengegend, Erweiterung der Pupillen, Herzklopfen und so weiter.

Stellen Sie sich andererseits vor, Paare, die schon seit fünf, zehn oder zwanzig Jahren zusammen sind, würden jedesmal, wenn sie sich sehen, dieselben Reaktionen erleben. Diese Reaktionen stellen sich in der Regel nur im ersten Stadium einer Liebesbeziehung ein oder wenn sich die Partner länger nicht gesehen haben. Wenn man sich kennen und lieben lernt, entspannt man sich und fühlt sich wohler in seiner Haut. Die vielleicht beunruhigenden körperlichen Reaktionen bauen sich gewöhnlich mit der Zeit ab.

Höhen und Tiefen der Liebe

In der ersten verliebten Phase machen viele Paare extreme Höhen und Tiefen durch. Wir fühlen uns wie im siebten Himmel, wenn wir uns körperlich nahe sind oder wenn etwas Unerwartetes, Erfreuliches passiert, wie zum Beispiel wenn der Geliebte überraschend früher kommt oder ein Gedicht eigens für uns verfaßt. Wir erleiden Höllenqualen, wenn der geliebte Mensch sich für jemanden anderen zu interessieren scheint oder zu spät zu einer Verabredung kommt oder nur mit Arbeit eingedeckt ist. Selbst wenn die Beziehung sich harmonisch entwickelt, kann uns schon eine kleine Bemerkung oder Begebenheit zum Weinen bringen, wohingegen uns die Worte «Ich liebe Dich» zu Tränen rühren können.

Familie oder Freunde können zu unseren Qualen oder unserem Hochgefühl beitragen. Wenn sie die Beziehung befürworten, kann das unser Beisammensein noch beglückender machen. Wenn sie sie ablehnen, kann das zu Spannungen und Kummer führen.

Übung: Wie ist es Ihnen ergangen?

❑ Erinnern Sie sich an Zeiten, in denen Sie verliebt waren.
  – Wie haben Sie körperlich darauf reagiert?
  – Wie verhielten Sie sich, und inwieweit hat es sich von Ihrem sonstigen Verhalten unterschieden?
❑ Gibt es ein bestimmtes Muster, nach dem Sie sich in neuen Beziehungen verhalten?
  – Neigen Sie dazu, sich Hals über Kopf in eine Beziehung zu stürzen, oder lassen Sie alles langsam auf sich zukommen?
  – Wenn Sie einmal in einer Beziehung sind, erleben Sie dann ausgeprägte Phasen emotionaler Höhen und Tiefen? Oder haben Sie ganz andere Erfahrungen gesammelt?

- Beschreiben Sie in Stichworten Ihr Verhaltensmuster.
- ☐ Fühlen Sie sich wohl, so wie Sie sich verhalten, oder möchtenSie etwas daran verändern. Wenn ja, was und wie?
- ☐ Welchen einfachen Vorsatz können Sie fassen, mit dem Sie Ihre nächste Beziehung angehen und diese für Sie positiver gestalten können?

Die Idealisierung des Partners

Verliebte haben den starken Hang, einander zu idealisieren und im anderen den «vollkommenen Partner» zu sehen. Sie nehmen nicht nur die Realität wahr, wie sie ist, sondern auch, wie sie sein könnte. Die Träume sind entfacht, und jeder möchte den anderen nur ins beste Licht stellen, konzentriert sich auf seine/ihre positiven Eigenschaften und ignoriert die negativen. Sie entdecken auch unter der Oberfläche verborgene wertvolle Eigenschaften und Stärken, die ansatzweise im Partner existieren, und glauben, daß sich diese bei der richtigen Zuwendung und Ermutigung noch stärker entwickeln werden.

Die Idealisierung des Partners ist natürlich und versüßt die erste Phase des Verliebtseins. Die Unzulänglichkeiten des idealisierten Partners werden auf ein Minimum reduziert: «Das ist nicht wichtig. Damit kann ich leben.» oder «Darauf kommt es nicht wirklich an. Unsere Liebe ist stark genug, um alles zu überwinden.»

Die Meinung, daß Liebe alles überwindet, hat ihre Ursachen im «Hollywood-Syndrom». Die schillernde Leinwand hat uns mit Bildern von Liebespaaren überflutet, die sich am Ende in den Armen liegen, egal welche Hindernisse im Weg standen. Wir wissen zwar alle, daß das Leben nicht immer so freundlich mit uns umgeht, aber wir sind unbewußt darauf konditioniert worden, uns ein Liebesleben in Hollywood-Manier herbeizusehnen. Folglich sind wir bereit (und manchmal begierig darauf), Dramatik und Spannungen in Kauf zu nehmen, um den romantischen Traum nicht aufgeben zu müssen und den grauen Alltag aufzuhellen.

Menschen, die sich in das Verliebtsein verliebt haben, sind nicht die einzigen, die die Unzulänglichkeiten des Partners ignorieren. Ein frisch Verliebter stellt zum Beispiel fest, daß seine Freundin nicht viele Freunde hat, redet sich aber ein, daß sich das ändern wird, wenn sie eine Weile zusammen sind und sie seine Freunde besser kennenlernt. Oder ihr fällt auf, daß er leichtfertig mit Geld umgeht, und sie glaubt, daß sich das ändern wird, wenn sie erst einmal für ein eigenes Haus sparen oder Kinder haben.

Nicht alle Menschen sind bereit, sich auch mit den Schwächen des Partners auseinanderzusetzen. Sie fürchten, den Partner zu verlieren, wenn sie ihren Ärger oder ihre Frustration zeigen und ihre Gefühle mitteilen. Statt dessen geben sie sich mit Kompromissen zufrieden und hoffen, daß ihre Liebe die besten Seiten des anderen später zu Tage fördern wird.

Die Idealisierung des Partners mag anderen albern erscheinen. Haben Sie je versucht, jemandem das Heiraten auszureden, während er/sie im romantischen Stadium war? Es würde Ihnen höchstwahrscheinlich nicht gelingen. Während Außenstehende das Augenscheinliche erkennen, sind Verliebte oft vom Partner oder von der Idee zu heiraten vollkommen eingenommen, sind blind vor Liebe.

Ihre Eltern zum Beispiel sehen, daß er streng und sprunghaft ist und sagen ihr, daß sie ihn nicht für den richtigen Mann für sie halten. Aber da sie ihn so sehr liebt, will sie nichts davon wissen. Oder sein bester Freund weist ihn auf ihre unterschiedlichen Charaktere hin, aber ihn reizt vielleicht gerade dieser Gegensatz. Oder trotz der Warnungen ihrer guten Freundinnen, daß er sich nie scheiden lassen wird, möchte sie vielleicht daran glauben, daß er seine Frau sofort verläßt, sobald sie in der Lage ist, mit ihm zusammenzuziehen. Verliebte sehen ihren Partner durch eine rosarote Brille und verteidigen ihr Bild vehement vor kritischen Außenstehenden und vor ihrer eigenen objektiven Einschätzung.

Projektionen

Selbst wenn Verliebte die Schwächen ihrer Partner erkennen, so neigen sie zu der Vorstellung, daß ihre Liebe die Unzulänglichkeiten des Partners wettmachen könnte. «Er ist ein zu ernster Mensch, aber wenn wir erstmal richtig zusammen sind, werde ich ihm zeigen, wie man sich amüsiert.» «Sie ist unsicher, aber ich werde ihr Selbstvertrauen stärken.»

Manche glauben auch, daß der Partner die eigenen latenten Stärken zutage fördert. «Sie war ein so geselliger Typ, daß ich dachte, ich könnte von ihr lernen, lockerer mit anderen Menschen umzugehen.»

Viele tragen emotionale Bedürfnisse mit sich herum, die aus ihren frühen Beziehungen zu Eltern und Geschwistern herrühren. Der Schmerz, zu oft alleine gelassen worden zu sein, das Unrecht seelischer oder körperlicher Mißhandlung, der Druck, den Erwartungen anderer genügen zu müssen, die Angst vor Kritik und Blamage, können allesamt Narben hinterlassen haben.

Als Erwachsene suchen wir nach Partnern, die uns helfen, diese alten Wunden zu heilen. Jemand, der beispielsweise in einem Elternhaus voller Konflikte aufgewachsen ist, wird jemanden suchen, der sich ungern streitet. Jemand, der eine strenge Erziehung genossen hat, wird sich einen ungezwungenen und toleranten Partner wünschen. Ein Mann, der unter der ständigen Kritik seiner Mutter zu leiden hatte, wird eine Frau suchen, die ihn viel bestätigt und ermutigt. Er verhält sich möglicherweise wie ein bedürftiges kleines Kind, damit sie ihn mit Liebe überschüttet. Oder eine Frau, deren Eltern ihr immer vorgeschrieben haben, was sie wie zu tun und zu lassen hatte, möchte einen Partner, der ihren starken Wunsch nach Unabhängigkeit respektiert und nicht ständig an ihr herumnörgelt, wie es ihre Eltern taten.

Genauso wie manche danach hungern, daß ihr Partner ihre seelischen Bedürfnisse befriedigt, möchten andere die emotionalen Defizite ihres Partners ausgleichen. Sie wünschen sich oft, ihrem Partner die wunderbare Liebe zu geben, die er oder sie – wie sie glauben – nie erfahren hat. Margaret sah ihren Freund als einen Mann, der noch nie von einer Frau richtig geliebt worden war. «Ich hatte mir in den Kopf gesetzt, das wiedergutzumachen. Ich half ihm, sich selbständig zu machen, damit sein Leben endlich eine stabilere Grundlage hatte. Ich kaufte ihm neue Sachen und ein Auto, um sein Selbstbewußtsein zu stärken. Ich verbrachte Stunden damit, ihm etwas Gutes zu tun, damit er sich geliebt fühlte.» Tatsächlich hatte Margaret das dringende Bedürfnis, Männern zu helfen, da sie in ihrer Kindheit ihren schwer depressiven Vater nicht hatte retten können. Das Problem war, daß es ihr Freund nicht mochte, wenn sie ihn dauernd bemutterte. Er empfand ihre Zuwendung und ihre ständigen Einmischungen in sein Leben als erdrückend.

Einem Ideal gerecht werden

Manche Menschen versuchen, wenn sie ihren Partner umwerben, sich nur von ihrer besten Seite zu zeigen und andere Aspekte ihrer Persönlichkeit zu verbergen. Sie glauben, daß ihr eigentliches Wesen unzulänglich ist und versuchen, den vermeintlichen Erwartungen des Partners zu entsprechen.

Sie erzählt ihm beispielsweise nicht von ihrem zeitweiligen Desinteresse an ihrer Arbeit, weil er in seinem Beruf so engagiert ist. Oder er scheut sich, ihr von seiner Angst vor einer zweiten Ausbildung zu erzählen, weil sie nicht wissen soll, daß er sich manchmal für einen Versager hält. Er «vergißt» vielleicht, ihr von seinen Problemen mit seinen Kindern zu erzählen und hofft, daß sich dies von alleine geben wird, wenn sie erst zusammenwohnen. Sie beschließt möglicherweise, ihn nicht auf seine herumliegenden Kleider aufmerksam zu machen, weil sie nicht möchte, daß er sie für pedantisch hält. Doch wenn sie später verheiratet sind, könnte ihre bislang verschwiegene Meinung wichtig werden, wenn zum Beispiel seine Kinder zu Besuch kommen oder wenn sie es leid ist, ihm seine Sachen hinterherzuräumen. Beide mögen dann über den unvermeidlichen Konflikt überrascht sein, weil sie sich bisher als so verständig erlebt hatten.

Übung: Ehrlich währt am längsten

Denken Sie an eine wichtige frühere Beziehung. Haben Sie es riskiert, Sie selbst zu sein, oder haben Sie bestimmte Persönlichkeitsanteile verborgen? Wenn ja, notieren Sie welche.

- ❏ Warum haben Sie diese Seiten versteckt?
- ❏ Welche Auswirkungen hatte diese Art der Selbstzensur?
- ❏ Handelten Sie aufgrund Ihrer inneren Einstellung, oder war es eine Reaktion auf das Verhalten Ihres Partners?
- ❏ Würden Sie sich wieder so verhalten, oder haben Sie sich vorgenommen, mehr Sie selbst zu sein?

Im romantischen Stadium kommt es sehr häufig vor, daß man seinem Partner nur eine zensierte oder reduzierte Version seiner Persönlichkeit vorführt. Anstatt dem anderen Gelegenheit zu geben, einen gründlich kennenzulernen, präsentiert man dem Partner nur seine Schokoladenseiten. Leider lernt der Partner dann nur die Glanzlichter und nicht die gesamte Persönlichkeit kennen.

Das Problematische an dem Versuch, die Idealvorstellung des Partners zu erfüllen, besteht darin, daß man dazu neigt, in Rollen zu schlüpfen, die man nicht gut genug beherrscht, um sie überzeugend spielen zu können. Man ist nicht in der Lage, das Theaterspielen aufzugeben, selbst wenn es zu innerer Anspannung und Unzufriedenheit führt. Man denkt vielleicht: «Das bin zwar nicht wirklich ich, aber wenn ich mich so zeige, wie ich wirklich bin, wird er / sie mich nicht mehr lieben.» In einem falschen Bild gefangen zu sein und nicht zu wagen, sich davon freizumachen, mag Konflikte eine gewisse Zeitlang aufschieben oder vermeiden, wird aber eines Tages unweigerlich zu Unzufriedenheit führen. Die Masken müssen fallen, wenn ein Paar eine dauerhafte, zufriedenstellende Beziehung aufbauen will.

Gemeinsame Zukunftsträume

Verliebte Paare wünschen sich, daß sie immer zusammenbleiben. Sie möchten lieben, geliebt werden und darauf vertrauen können, daß ihre Liebe fortbesteht. Viele Menschen träumen davon, zu heiraten und «glücklich bis ans Ende ihrer Tage» zu leben. Jeder hat sein ganz individuelles Traummosaik von der Art dieser Liebesbeziehung. Darüber hinaus hofft jeder, einen Partner mit ähnlichen Träumen und Vorstellungen zu finden.

Am ersten Sonntag, den Karen und Carl zusammen verbrachten, nahm er sie mit an den Strand, wo sie die Felsen hinaufkletterten und Seesterne suchten. Carl hatte das allein oft und gern getan. Als er entdeckte, daß es ihr auch Spaß machte, dachte er, er habe sein Lebensglück gefunden: Ihr Traum glich seinem.

Wie Karen und Carl glauben Verliebte oft, daß sie jemanden gefunden haben, mit dem ihre Träume in Erfüllung gehen. Verliebte haben häufig das Gefühl, daß ihr Leben eine entscheidende Wende genommen, daß es an Bedeutung gewonnen hat. «Jetzt, da mich jemand wirklich liebt, muß ich nicht mehr alleine träumen.» Ihre Träume werden intensiver und erhalten einen neuen Sinn. Jetzt gibt es jemanden, dem sie wichtig sind. Anstatt ihr Leben einfach so verstreichen zu lassen, ergreifen sie die Initiative und handeln. Ihr neues Zielbewußtsein verleiht ihrem Leben Inhalt und Orientierung, und manche Verliebte haben das Gefühl, daß sie die Welt aus den Angeln heben könnten.

Wenn sich zwei Menschen ineinander verlieben, ist die Verschmelzung ihrer individuellen Träume zu einem gemeinsamen Traum eines der zentralen Ereignisse. Gemeinsame Träume schweißen eine Beziehung zusammen; sie lassen das Paar mit vereinter Kraft in dieselbe Richtung streben. Wenn «deine Träume» und «meine Träume» zu «unseren Träumen» werden, entsteht das Gefühl, an einem Strang zu ziehen und auf etwas hinzuarbeiten, das sich lohnt.

Aus Träumen werden Verpflichtungen

Träume führen schnell zu verbalen oder nonverbalen Versprechungen. Ein häufiges Versprechen ist, daß Romantik und Liebe immer an erster Stelle stehen und Vorrang vor allen anderen Beziehungen und Interessen haben werden. Dies geht mit dem Versprechen einher, sich zu engagieren und ausschließlich für den anderen da zu sein.

In ihrer Zweisamkeit verbringen verliebte Paare viele Stunden damit, sich gegenseitig die persönlichsten Dinge zu offenbaren. Sie lernen sich auf diese Weise immer besser kennen und geben einander immer mehr Versprechen. Sie bittet ihn: «Versprich mir, daß du mich nie verläßt», und er verspricht, immer bei ihr zu bleiben. Er bittet sie: «Versprich mir, daß du dich nie auf einen anderen Mann einläßt», und sie beteuert, daß sie ihm immer treu bleiben wird. «Ich verspreche, daß ich dir zu unserem Hochzeitstag immer Rosen schenken werde und freitags nie wieder mit meinen Kumpels einen trinken gehe.» «Ich verspreche, daß ich mich um die Kinder kümmern werde und dir sonntags beim Fußballspielen zuschaue.» Beide schwören, daß sie mit niemandem über ihre intimsten Geheimnisse sprechen werden. Diese Versprechungen können die Grundlage für künftige Zufriedenheit oder auch für Enttäuschungen bilden.

Obwohl einige Versprechen vielleicht nicht eingelöst werden, dienen sie dem Versuch, einen Lebensplan zu entwerfen, der beide Partner zufriedenstellt. Da sie meistens mit den besten Absichten gegeben werden, lassen sie ein romantisches Herz höher schlagen und verleihen der Beziehung Spannung.

Selbst wenn man es mit seinen Versprechen ehrlich meint, können bestimmte Lebensumstände und die alltägliche Routine Träume und Versprechen in die hinterste Ecke verbannen, wo sie einstauben oder gar ganz in Vergessenheit geraten. Sie können jedoch jederzeit wieder hervorgeholt und zu neuem Leben erweckt werden, wenn ein Paar bereit ist, seine Beziehung zu vertiefen.

Übung: Versprechungen

Rufen Sie sich eine wichtige Beziehung ins Gedächtnis.

☐ Welche Versprechen hat Ihnen Ihr Partner gegeben?
☐ Was haben Sie versprochen?
☐ Haben Sie Ihre beider Versprechen gehalten? Welche haben Sie gehalten, welche nicht? Welche Auswirkungen hatte das auf die Beziehung?
☐ Was würden Sie einem frisch verliebten Freund zum Thema Versprechen raten?
☐ Werden Sie Ihren eigenen Rat befolgen?

Die Herausforderungen der romantischen Liebe

Der Philosoph Martin Buber hat einmal gesagt, daß der Ursprung aller Konflikte darin liegt, «daß ich nicht sage, was ich meine, und daß ich nicht tue, was ich sage».[30] Der Rat, den er geben würde, ist offensichtlich. Um eine Beziehung harmonisch und lebendig zu halten, seien Sie im Einklang mit sich in Wort und Tat. Sagen Sie, was Sie denken, und handeln Sie entsprechend.

Vor allem seien Sie aufrichtig zu Ihrem Partner. Offen und ehrlich zu sein, zu seinen Wünschen und Ansichten über die Zukunft zu stehen, stellt die Grundlage einer Beziehung dar. Wenn Sie Ihren Partner so annehmen können, wie er oder sie ist, werden sich in Ihrer Beziehung weniger Spannungen und eine tiefere Liebe entwikkeln. Sie müssen riskieren, Sie selbst zu sein, wenn Sie es mit Ihrer Suche nach dem richtigen Partner ernst meinen.

Darüber hinaus versprechen Sie nur, was möglichst realistisch ist, wenn Sie nicht eines Tages entmutigt oder enttäuscht sein wollen. Dies stellt für Paare im romantischen Stadium eine große Herausforderung dar, doch je realistischer die Versprechen sind, desto mehr werden Sie später in Ihrer Beziehung erreichen.

Die Anforderungen des romantischen Stadiums bedeuten schließlich auch, von dem aufregenden Werben abzulassen und sich trotzdem Intensität und Leidenschaft zu bewahren, sich auf einer tieferen und persönlicheren Ebene kennenzulernen und realistische Ansprüche zu entwickeln. Um in eine reifere und dauerhaftere Liebesbeziehung hineinzuwachsen, ist es notwendig, die leidenschaftliche, romantische Liebe in eine kameradschaftliche Liebe umzuwandeln, in eine Beziehung, in der beide die Gegenwart des anderen genießen und einander die besten Freunde sind, in der sie sich realistisch einschätzen können und füreinander Sorge tragen. Dies ist der Zeitpunkt, an dem sich ein Paar entschließen sollte, es miteinander zu versuchen und zu heiraten oder zusammenzuziehen.

7 Die Beziehung verändert sich

«Als wir zusammenzogen, war ich anfangs so aufgeregt, daß ich nachts kaum schlafen konnte. Inzwischen bin ich abends so erschöpft, daß ich kaum noch die Augen offenhalten kann.»

«Wir umarmen und küssen uns nicht mehr ständig. Das Bedürfnis nach dieser Art von Intensität ist verschwunden. Aber jetzt haben wir Zeit. Es besteht kein Grund zur Eile – unser Verhältnis hat etwas Beständiges.»

«Von neun bis fünf arbeiten wir. Von sechs bis zehn sind wir zusammen. Das ist unser Tagesablauf. Tagein tagaus. Eine Stunde für die Heimfahrt vom Büro, eine Stunde zum Kochen und Abendessen und eine Stunde für die Fernsehnachrichten. Putzen, Einkaufen, Waschen, der Garten – das läuft dann noch am Wochenende. Was ist aus unseren Träumen geworden?»

«Wenn es uns beiden gutgeht, kommen wir prima miteinander aus, aber beim ersten Anzeichen eines Konflikts ziehen wir uns zurück. Wir wollen, daß unsere Beziehung funktioniert, aber wir wissen nicht, wie wir's anstellen sollen.»

Alle Beziehungen sind im Wandel begriffen, deshalb sollten Sie sich die zu erwartenden Veränderungen vor Augen führen, bevor Sie sich entschließen zusammenzuziehen oder zu heiraten. Wenn Sie sich bewußt machen, daß eine Beziehung zur Alltagsroutine wird, daß Spannung oder Überraschungen wegfallen – wie empfinden Sie das? Wenn Konflikte auftreten, heißt das, daß Sie einen Fehler gemacht und den falschen Partner gewählt haben? Wenn sich Ihre Unterschiedlichkeit verstärkt, sollten Sie sich dann trennen oder Kompromisse eingehen?

Dieses Kapitel wird Ihnen helfen, die obigen Fragen zu beantworten, indem es Ihnen die typischen Stadien und Phasen aufzeigt, die viele Paare durchleben. Sie lassen sich unterteilen in ein *Routinestadium*, ein *Konfliktstadium*, ein *Desillusionsstadium* und ein *Übergangsstadium*. Manche Paare durchlaufen diese Phasen in chronologischer Reihenfolge. Andere lassen ein Stadium aus und gelangen etwa von der *Routine* zur *Desillusion* oder vom *Konflikt* direkt zum *Übergang*. Die meisten erfahren keinen spürbaren Einschnitt zwischen zwei Phasen. Vielmehr scheinen sich die einzelnen Phasen zu überlappen. Es kommt auch vor, daß der eine Partner die Beziehung in einem bestimmten Stadium glaubt und der andere in einem anderen.

Jedes Stadium ist wichtig und bedeutet eine Herausforderung für Sie als Paar. Nehmen Sie die Herausforderung an, so können Sie erfahren, daß Sie füreinander bestimmt sind und Ihre Beziehung von Dauer ist, vielleicht sogar ein Leben lang währt. Gehen Sie ihnen jedoch aus dem Weg, kann die Beziehung in eine Sackgasse münden und ihre Lebendigkeit verlieren. Von daher sollten Sie sich mit dem Verlauf, den eine Beziehung nehmen kann, auseinandersetzen und sich so eine ausgereiftere Meinung über den richtigen Partner bilden.

Das Routinestadium

Auch in der leidenschaftlichsten Beziehung läßt die anfängliche Begeisterung einmal nach. Der Alltag und seine Routine holen Sie ein. Fast unmerklich treten Sie in dieses Stadium ein, wenn der eine den anderen in bestimmten Situationen auf vorhersehbare Art und Weise behandelt und erwartet, daß der andere wie gewohnt darauf reagiert. Diese Phase bietet dem Paar Gelegenheit, die Leidenschaft und Begeisterung des Anfangs in die Verläßlichkeit und Stabilität einer erprobten Liebe umzuwandeln.

Natürlich bleibt in jeder Beziehung eine gewisse Routine nicht aus; es schleichen sich Gewohnheiten im Handeln und im Umgang miteinander ein. Sie verleiht dem gemeinsamen Leben einen festen Rahmen und Sicherheit. Man erfährt, wann der Partner morgens gern aufsteht und abends ins Bett geht, ob er die Zahnpastatube offen läßt oder das Badezimmer beim Duschen unter Wasser setzt. Man weiß, was und wann der andere gern ißt. Jeder lernt die Gewohnheiten des anderen kennen, indem er sie hautnah erfährt.

Die Routine vermittelt einerseits ein Gefühl der Sicherheit, andererseits führt sie zu Konflikten oder Langeweile. Von der Arbeit nach Hause zu kommen und die Ereignisse des Tages auszutauschen, kann zur liebgewonnenen Gewohnheit werden; ständig zwei oder drei Stunden zu spät heimzukommen, ohne den Partner zu verständigen, ist hingegen eine schlechte Angewohnheit.

Die Bedeutung der Routine

Routine gibt Sicherheit, und Sicherheit ist für das eigene und das eheliche Wohlbefinden notwendig. Jeder Mensch braucht Sicherheit, um sich physisch und psychisch wohl zu fühlen, und feste Gewohnheiten erfüllen dieses Bedürfnis.

Eine gewisse Regelmäßigkeit erleichtert uns das Leben; wir befolgen sie ganz natürlich und ohne viel Aufhebens. Sie fördert die Verläßlichkeit einer Beziehung. Jeder Mensch weiß gern, was er von anderen zu erwarten hat, so daß er keine bösen Überraschungen erlebt. Sich vor dem Einschlafen einen Gutenachtkuß zu geben, ist eine nette Angewohnheit, einen Tag zu beschließen. Eine gewohnt sichere Fahrweise läßt einen Wochenendausflug zu einem entspannenden Ereignis werden.

Um eine Beziehung zu vertiefen, müssen beide Partner wissen, wie die Grundbedürfnisse des anderen – Essen, Kleidung und Wohnen – befriedigt werden. Für manche Paare sind diese Bedürfnisse ein Grund ständiger Besorgnis. Andere mögen sich darüber zwar Gedanken machen, wissen aber, daß sie damit fertig werden. Wieder andere sorgen sich überhaupt nicht um körperliche Bedürfnisse oder finanzielle Dinge, wie beispielsweise die Erneuerung eines undichten Daches. Es ist wichtig in einer Beziehung zu wissen, wie man den monatlichen Belastungen begegnet, daß eine Absicherung für den Notfall existiert und daß der Lebensabend gesichert ist.

So ergab eine Studie, daß «die Ehefrauen von Männern in leitenden Positionen eine größere Kontrolle über ihr Leben haben..., daß die finanzielle Sicherheit und die Möglichkeit, eigenen Interessen nachzugehen, ihnen ein recht zufriedenes Leben beschert».[31] Der

Schluß liegt nahe, daß neben ökonomischer ein gewisses Maß an emotionaler Sicherheit sehr wichtig ist. Sie stellt sich mit der Zeit ein, wenn ein Paar lernt, daß man sich auf den anderen verlassen kann, sich seiner Zuneigung und Unterstützung sicher ist. Die Partner verspüren die Gewißheit, Probleme ausdiskutieren zu können, vom anderen emotionalen Beistand zu erhalten, wenn es einem schlecht geht. Beide gehen davon aus, daß der Partner oder die Partnerin zum Wohle der Beziehung auch einmal die persönlichen Interessen zurückstellt. Sie fühlen sich in der Beziehung sicher, wenn sie wissen, woran sie sind und was sie zu erwarten haben. In einer Beziehung mit einer traditionellen Rollenverteilung beispielsweise vertraut sie darauf, daß sie bei einem platten Reifen nur anrufen muß und er kommt, um ihr zu helfen. Und umgekehrt erwartet er, daß ein Anruf genügt und sie auch kurzfristig ein Abendessen für seine Geschäftsfreunde hervorzaubert.

Wenn sich die Partner nicht aufeinander verlassen können, leidet die Beziehung. Wenn man sich sorgen muß, weil der Ehepartner Affären hat oder Geld für unnötige Dinge ausgibt, weil er betrunken nach Hause kommt oder sich abkapselt und schmollt, weil er einen selbst oder die Kinder schlecht behandelt, trägt das nicht gerade zu emotionaler Stabilität bei.

Emotionale Sicherheit kann auch durch die Vertrautheit, die ein Zusammenleben schafft, entstehen. Denken Sie nur an das Gefühl, das der vertraute Anblick Ihres Zuhauses bei Ihnen hervorruft, wenn Sie von einer Reise zurückkehren. Nichts erscheint so angenehm, wie es sich im eigenen Bett gemütlich zu machen, sich in die Kissen und Decken einzumummeln und sich an einen geliebten Menschen zu kuscheln. Je länger zwei Menschen zusammen sind, desto vertrauter werden ihre Gewohnheiten, ihr gemeinsamer Besitz und ihr Umgang miteinander.

Gemeinsam getragene Verantwortung bewirkt ebenfalls emotionale Sicherheit und schweißt ein Paar zusammen. Darunter fallen Haushaltspflichten, Gartenarbeit oder Kindererziehung. Wenn man bei der Bewältigung dieser Pflichten als Paar auftritt, schafft das einen Gemeinschaftsgeist und verstärkt das Zusammengehörigkeitsgefühl.

In einer langen Beziehung entwickeln viele Menschen ein starkes Verantwortungsgefühl für ihren Partner. Sie wollen, daß die gemeinsam begonnene Reise zum Erfolg führt. Manchmal entwickeln sich die Partner zu einem liebevollen Geschwisterpaar, wo der eine es nicht ertragen könnte, den anderen leiden zu sehen und beide sehr behutsam miteinander umgehen. Obwohl hin und wieder der Wunsch nach der Leidenschaft früherer Tage aufkommt, kann sich die entstandene Routine durchaus stabilisieren und befriedigend auswirken, so daß es beide als wünschenswert empfinden, sie aufrechtzuerhalten.

Die Herausforderungen der Routine

Das Routinestadium stellt auch eine große Herausforderung dar. Gewisse Gewohnheiten und eingeschliffene Verhaltensweisen verleiten Paare oft dazu, über den anderen selbstverständlich zu verfügen. Manche Menschen fühlen sich dann ausgenutzt oder nicht anerkannt. Aber in einer funktionierenden Partnerschaft kann diese Selbstverständlichkeit, sofern sie auf Vertrauen basiert, eine sehr positive Erfahrung darstellen.

Viele Menschen sind so beschäftigt und dermaßen in ihre Alltagsprobleme verstrickt, daß sie ihnen mehr Aufmerksamkeit widmen als dem Partner. So kann der Eindruck entstehen, daß die alltägliche Routine den Vorstellungen von einer idealen Beziehung vollkommen zuwiderläuft. Arbeit, Kinder, Kochen, Putzen und unbezahlte Rechnungen – die Liste der Pflichten, die es immer von neuem zu erledigen gilt, scheint endlos.

In der Phase des Kennenlernens zeigen sich die meisten Menschen von ihrer besten Seite. Hat sich dann eine bestimmte Gewöhnung eingestellt, lernt man unerwartete Persönlichkeitsanteile und Erwartungen des Partners kennen, und die Beziehung verändert sich. Barrieren werden fallengelassen, und das wahre Selbst beginnt sich zu entpuppen. Was in der romantischen Phase zurückgehalten wurde, wird nun ausgedrückt. Man hat das Gefühl, daß «jetzt, wo mich jemand wirklich liebt, kann ich endlich ich selbst sein».

Probleme tauchen dann auf, wenn die neuen Verhaltensweisen und Erwartungen ungerechtfertigt und unfair erscheinen. Zum Beispiel wünscht er sich nun, daß seine Partnerin sexuell ungehemmter und allzeit bereit ist, während ihr Sex am Wochenende genügt. Sie fühlt sich dann leicht durch seine Leidenschaft unter Druck gesetzt, und er fühlt sich durch ihr vermeintliches Desinteresse zurückgestoßen. Sie müssen versuchen, eine Kompromißlösung zu finden, die beide zufriedenstellt.

Für viele Paare sind ungewohnte Verhaltensweisen irritierend. Der Partner hat sich verändert und reagiert jetzt anders als beim ersten Kennenlernen. Der anfängliche Reiz, der von ihm ausging, scheint vergessen. Sicherlich waren es nicht Hausarbeit oder Rechnungen, die so anziehend wirkten. Es war die Zeit, die sie gemeinsam verbrachten, mit Erzählen und Lachen und Vergnügungen, jene Zeit, in der sie Träume entwarfen, statt Probleme zu lösen.

Alltagsprobleme können dazu führen, daß manch einer sich fragt, ob der Traum von einer glücklichen Beziehung sich jemals erfüllen wird oder bereits am falschen Partner oder/und der fehlgelaufenen Beziehung gescheitert ist. Oft konzentriert sich die Unzufriedenheit auf ein Ziel ihrer Träume: die Kinder, das Haus, das Auto, die Hobbies, und sie vergessen, ihre Beziehung zu pflegen. Sie vergessen, daß der *Prozeß*, ihren Traum in die Tat umzusetzen, die eigentliche Herausforderung darstellt. Sie vergessen, daß man die gemeinsame Zeit genießen kann, egal was man unternimmt.

Eine bestimmte Routine kann ewig währen oder sich mit der Zeit geben. Ist sie unbefriedigend, kann man etwas dagegen unternehmen. Manchmal sind die Partner sich einig, daß eine Veränderung nottut, und versuchen, das Zusammenleben zu verbessern, indem sie behutsamer und rücksichtsvoller miteinander umgehen und Unstimmigkeiten und Streits aus dem Weg gehen. Sie haben den Wunsch, die Spannung und das Kribbeln der romantischen Phase wiederzugewinnen. Wenn Paare diese Zugeständnisse machen, laufen sie Gefahr, ihre Vorbehalte und Meinungsverschiedenheiten zu unterdrücken, die später, unbewältigt, während des Konfliktstadiums zutage treten können.

Das Konfliktstadium

Es wäre schön, wenn die Ehe ein Kinderspiel wäre – aber leider ist sie es nicht. Jeder von uns weiß das. Es bedarf einer Menge Arbeit und eines Quentchen Glücks. Und jeder, der länger verheiratet war, weiß, daß es in einer Ehe zeitweise Machtkämpfe und Konflikte gibt. Das ist unvermeidbar – aber nicht unbedingt negativ.

In der romantischen Phase des Kennenlernens gibt es hin und wieder Streit, der sich aber schnell beilegen läßt. Im Routinestadium sind Auseinandersetzungen häufige Begleiterscheinungen der Beziehung. Tatsächlich wurde manche liebgewonnene Gewohnheit erst bitter erkämpft. Es gibt Paare, die sich streiten müssen, um ihre Beziehung nach ihren Vorstellungen zu gestalten.

Unter Konflikten kann man eine kleine Unstimmigkeit, unterschiedliche Wertvorstellungen, eine Machtprobe oder einen Krach verstehen. Es kann ein Wortgeplänkel sein oder eine hitzige Auseinandersetzung. Der Konflikt kann physischer und/oder psychischer Natur sein, wortgewaltig oder wortlos ablaufen.

Ein schweigend ausgetragener Streit ist wie ein kalter Krieg, wo man in eisigem Schweigen verharrt und dem anderen emotionale und körperliche Zuwendung verweigert. Ein kalter Krieg soll den anderen manipulieren, einschüchtern oder bestrafen, so daß er sich schuldig fühlt und nachgibt. Eine verbale Auseinandersetzung kann außer Kontrolle geraten und in Bitterkeit, Sarkasmus und üblen Anschuldigungen münden und letztendlich die Basis aus Vertrauen und Liebe erschüttern, wenn nicht gar zerstören.

Es können Zeiten kommen, in denen sich die Fronten verhärten und die Machtkämpfe scheinbar kein Ende nehmen. Selbst wenn der Streit für eine Weile beigelegt ist, gärt er unter der Oberfläche weiter. Das Gefühl, ständig zu streiten oder vom anderen durch eine unüberwindbare Mauer getrennt zu sein, führt oft dazu, daß Paare sich im Konfliktstadium gefangen sehen. Selbst in den besten Beziehungen gibt es Phasen, in denen gemeinsame Träume und liebgewonnene Gewohnheiten von Meinungsverschiedenheiten und Unstimmigkeiten überschattet werden. Dies mag unvermeidlich sein – aber auch fruchtbar, wenn das Paar bereit und fähig ist, aus seinen Konflikten zu lernen.

Am Anfang der Beziehung herrscht eitel Sonnenschein, man liebt sich heiß und innig, träumt von einer gemeinsamen Zukunft und verspricht sich ewige Treue. Jeder glaubt daran, daß sich der Traum erfüllen wird. Im Routinestadium dann verblassen die Träume, die Versprechungen geraten in Vergessenheit und einer oder beide fühlen sich schließlich betrogen. Beide stürzen sich in andere Aktivitäten, widmen sich den Kindern, dem Haushalt, den Alltagsproblemen, engagieren sich im Beruf, streben nach sozialem Prestige und verbringen schließlich kaum noch Zeit miteinander. Beide verlieren die einst gemeinsam gehegten Träume aus den Augen, und die Beziehung wird eher zu einer Belastung als zu einer Bereicherung.

Gebrochene Versprechen und das damit einhergehende Gefühl, enttäuscht worden zu sein, spielen im Konfliktstadium eine zentrale Rolle. So kann ein Paar verzweifelt zu streiten anfangen, um seine einstigen Träume wiederzubeleben. Das kann dazu führen, daß beide Partner sich auf gegensätzlichen Positionen zurückziehen und ihre Probleme ungelöst bleiben. Machtkämpfe eskalieren, Vorwürfe bleiben im Raum stehen, und Entschuldigungen kommen zu spät oder nie. Der Streit mag zuweilen abklingen, wenn jedoch keine bewußte Auseinandersetzung stattfindet, wird man das Gefühl nicht los, sich mit dem falschen Partner eingelassen zu haben.

Übung: Ehemalige Konflikte und Träume

Wenn Sie einmal über die Träume Ihrer Vergangenheit nachdenken, werden Sie vielleicht die Entwicklung, die Ihre Beziehung genommen hat, von der Romantik- über die Routine- zur Konfliktphase besser verstehen.

Denken Sie an eine Beziehung, die Sie einmal hatten oder in der Sie sich gerade befinden. Rufen Sie sich die Träume in Erinnerung, die Sie anfangs hatten. Welche haben sich erfüllt? Welche haben sich gewandelt? Für welche haben Sie gekämpft und welche aufgegeben? Nehmen Sie Zettel und Bleistift und notieren Sie Ihre Antworten.

Warum Paare streiten

Ein Hauptgrund, warum Paare sich streiten, ist die Tatsache, daß die Versprechen der romantischen Phase nicht eingehalten und die gemeinsamen Träume auf Eis gelegt oder ganz ignoriert wurden. Verständlicherweise entstehen auf beiden Seiten Frustration und Ärger. Die eigenen Träume sind zu wichtig, um kampflos aufgegeben zu werden!

Ist der Streit erst einmal ausgebrochen, so gibt es zahlreiche andere Gründe, um ihn am Leben zu halten. Diese Gründe sind häufig auf komplizierte Weise miteinander verflochten. Und doch lassen sie sich entwirren, und jedes einzelne Problem kann gelöst werden, wenn man weiß, wie man es erkennt.

Viele Paare streiten, um

1. dem alltäglichen Trott durch etwas Abwechslung neuen Reiz zu verleihen,
2. die Sicherheit des Gewohnten zu bewahren,
3. Unterschiede abzubauen,
4. verstanden und anerkannt zu werden,
5. mit den Stimmungen und Verhaltensweisen des Partners umgehen zu können,
6. im Recht zu sein und nicht eines Besseren belehrt zu werden,
7. an ehemaligen Verpflichtungen festzuhalten oder sie aufzukündigen,
8. Versäumnisse gegeneinander aufzurechnen,
9. die eigene Identität auszubilden, weiterzuentwickeln und zu entfalten,
10. neue Lösungen für alte Probleme zu finden.

Jeder Grund ist wichtig und muß untersucht werden, damit Sie herausfinden können, welche Konflikte bei Ihnen auftreten und weshalb und wie Sie damit umgehen.

1. *Der Faktor Reiz* entsteht aus dem Bedürfnis nach Abwechslung und dem Wunsch, aus der Routine auszubrechen, dem lähmenden Alltagstrott zu entfliehen. Zu schnell schleicht sich eine Routine ein, die sich auf alle Bereiche erstreckt: Gespräche, gemeinsame Abende, Sex, Wochenenden, selbst Streits – alles läuft nach einem starren Schema ab, ohne daß man sich emotional engagiert. Wenn sich Rituale verselbständigen, nur noch die Zeit füllen, ohne daß man einen Nutzen daraus zieht, werden sie sinnlos. Vielen Menschen genügt das nicht. Sie glauben, daß das Leben nicht erduldet, sondern genossen werden sollte. Der Wunsch nach Abwechslung ist so stark, daß er sie motiviert, ihrer Unzufriedenheit Ausdruck zu verleihen.

2. *Der Faktor Sicherheit* tritt auf, weil die meisten Menschen sich in ihren Gewohnheiten wohl fühlen. Sie vermitteln ihnen Geborgenheit. Probleme treten dann auf, wenn einer der Partner eine Veränderung will und der andere die vertraute Routine nicht aufgeben mag. Sie hat sich jahrelang um Haushalt und Kinder gekümmert und will jetzt wieder arbeiten gehen. Dieser Wunsch mag ihn in seiner Behaglichkeit stören. Er will nicht, daß sie ihre Pflichten als Hausfrau und Mutter vernachlässigt und hat aber auch keine Lust, darüber zu reden.

Wir Menschen besitzen ein tief verankertes Bedürfnis nach Freiheit und Selbstbestimmung. Dieses Bedürfnis regt sich, wenn ein anderer übertriebene Forderungen an uns stellt und kommt in Äußerungen zum Vorschein wie: «Was bildest du dir eigentlich ein, mir vorzuschreiben, was ich zu tun habe? Ich höre mir deine Nörgeleien nicht mehr länger an!»

3. *Der Faktor Unterschiedlichkeit* resultiert aus dem Versuch einer oder beider Personen, Unterschiede als geringfügig abzutun, um zusammenzubleiben. Manche Paare sind in der Lage, ihre unterschiedlichen Charaktere zur beidseitigen Zufriedenheit miteinander zu verschmelzen. Sie betrachten ihre Andersartigkeit als Bereicherung für die Beziehung, da sie sich in ihren Stärken und Schwächen ergänzen. Andere vergessen, daß sie den Partner gerade wegen seiner unterschiedlichen Wesenszüge gewählt haben. Statt sich daran zu erfreuen, werden sie sogar bekämpft.

Natürlich gibt es ärgerliche oder gar unerträgliche Eigenschaften und Angewohnheiten. Ärgerlich mag seine Ungeduld oder ihre Überempfindlichkeit sein, ihr Nägelkauen oder seine Nachlässigkeit. Problematischer ist es jedoch, wenn wir etwas unerträglich finden, wenn der Partner beispielsweise zuviel trinkt oder häufig spät nach Hause kommt. Ihm kann ihre Kettenraucherei auf die Nerven gehen; sie mag nicht länger bereit sein, sein ständiges Zetern mit den Kindern mitanzusehen; er will ihr unaufhörliches Jammern nicht länger erdulden. Die Liste der Unzulänglichkeiten ist endlos.

Wegen dieser unerträglichen Unterschiede werden die erbittertsten Kämpfe ausgetragen. In vielen Partnerschaften kommt der Augenblick, wo das Maß voll ist und selbst Kleinigkeiten nicht länger toleriert werden können. Dann wird das Kriegsbeil ausgegraben.

4. *Der Faktor Anerkennung* entspringt dem Bedürfnis, verstanden und anerkannt zu werden. Tatsächlich werden die meisten Machtkämpfe deshalb ausgetragen, weil wir meinen, der Partner würde uns nicht zuhören oder uns nicht verstehen. Wir glauben vielleicht, daß der andere nur seine eigenen Gefühle und Gedanken mitteilen möchte, aber sich für die unseren nicht interessiert. Wütende Reaktionen wie: «Da kann ich ja gleich gegen die Wand reden» oder «Wie wär's, wenn du endlich aufhören würdest zu schreien und mir zur Abwechslung einmal zuhörst» sind die Folge.

Wenn Menschen sich übergangen oder unverstanden fühlen, brechen sie oft einen Streit vom Zaun, um die Aufmerksamkeit des anderen auf sich zu lenken. Statt aufmerksam zuzuhören, bereitet jeder schon eine passende Antwort vor, während der andere noch spricht. Je verzweifelter man dann versucht, sich Gehör zu verschaffen, desto weniger wird man verstanden und desto überflüssiger fühlt man sich.

5. *Der Faktor Vertrautheit* besteht in dem Versuch, mit den allzu vertrauten Stimmungen und Handlungsweisen des anderen umzugehen. «Nach all den Jahren kenne ich dich sehr gut – manchmal besser als du dich selbst.» Dies kann ein Ausdruck von Zärtlichkeit und gewachsenem Vertrauen sein; es kann aber auch – abhängig vom Tonfall – als Vorwurf und Angriff aufgefaßt werden, um den anderen zum Schweigen zu bringen oder einen Streit anzufangen.

Mit zunehmender Vertrautheit lernt man den anderen immer besser kennen und weiß sein Verhalten im voraus einzuschätzen. Dieses Wissen kann zeitsparend sein, das Zusammenleben kalkulierbar machen und die Beziehung festigen. Ein ‹Schubladendenken› hingegen untergräbt das Fundament einer Beziehung und macht uns blind für die Freuden des Zusammenseins.

6. *Der Faktor Selbstgerechtigkeit* entspringt dem Wunsch, im Recht zu sein und nicht eines Besseren belehrt zu werden. Manche Paare debattieren lautstark darüber, wer recht hat. Man will sich des eigenen Scharfsinns versichern und versucht, dem anderen

einen Irrtum oder gar Dummheit nachzuweisen. Jeder geht davon aus, der andere sei schuld an den Streitereien. Wenn er sich ändern würde, wäre alles einfacher. Indem wir den Partner für alle Schwierigkeiten verantwortlich machen und unseren eigenen Anteil am Konflikt verleugnen, erkennen wir nicht, was wir Provozierendes oder Unfaires getan haben, um den anderen in die Defensive zu drängen.

7. *Der Faktor Zuverlässigkeit* wurzelt im menschlichen Bedürfnis, die Verpflichtungen gegenüber einem geliebten Menschen einzuhalten. Loyalität kann eine entscheidende Rolle in zwischenmenschlichen Beziehungen spielen, und es ist wichtig, die persönlichen Verpflichtungen des anderen zu respektieren und zu unterstützen. Zum Beispiel hat sie ein so großes Verantwortungsbewußtsein ihren Eltern gegenüber, daß sie in deren Nähe bleiben möchte, wofür der Partner Verständnis aufbringen muß. Oder sein Verhältnis zu seinen Kindern mag ihm so wichtig sein, daß diese in seiner Wochenendplanung an erster Stelle stehen. Indem jeder zu seinen Verpflichtungen steht, stellt er/sie die eigene Verläßlichkeit unter Beweis.

Problematisch wird es dann, wenn das Verantwortungsgefühl des einen nicht in die Vorstellung des anderen paßt. Er behandelt seine Kinder anders als ihre und stellt sich immer auf deren Seite. Sie fühlt sich betrogen.

Loyalitätskonflikte können dann entstehen, wenn einer der Partner dem anderen zuliebe eine langjährige Freundschaft aufgeben soll. Sie will vielleicht ihre ehemaligen Schwiegereltern hin und wieder besuchen, aber ihr jetziger Ehemann ist eifersüchtig oder fühlt sich bedroht, weil sie ihn nicht zu den Besuchen mitnehmen will. Er fordert von ihr, daß sie darauf verzichtet und zu ihm steht. Sie mag nicht das Entweder-Oder und versucht erbittert, ihn von seiner Einstellung abzubringen.

8. *Der Faktor Gerechtigkeit* kommt ins Spiel, wenn einer oder beide anfangen, Vergangenes aufzurechnen. Unstimmigkeiten bleiben lange im Gedächtnis haften, tauchen immer wieder in der Erinnerung auf. Er wird immer daran denken, daß sie damals vergessen hatte, ihn von unterwegs anzurufen. Oder sie wird nie ver-

gessen, daß er nicht zu seiner Ex-Frau stand. Er wird sich daran erinnern, wie sie gedroht hatte, ihn zu verlassen, und sie wird daran denken, wie er sie belogen hatte. Jeder hat seine individuelle Liste von Ärgernissen, die man nicht so leicht vergißt.

Viele Menschen sammeln diese Erinnerungen wie Briefmarken. Jede Woche, jeden Monat oder jedes Jahr fallen ihnen ein paar weitere Ungerechtigkeiten ein, die sie wie Kostbarkeiten hüten. Ihre Sammlung wird immer größer, bis sie ihnen eines Tages über den Kopf wächst. Dann kann der Groll gegenüber dem anderen so groß sein, daß sie einen Krach provozieren, einen Weinkrampf bekommen, sich in sich zurückziehen oder es dem Partner auf andere Art und Weise heimzahlen.[32]

Die Auseinandersetzung wird noch schwieriger, wenn einer oder beide zugleich längst Vergangenes heraufbeschwören. Sein Groll gegen sie mag derselbe sein, den er als Kind gegenüber seiner Mutter empfand, aber nicht ausdrücken konnte. Ihre Kritik an ihm kann aus unausgesprochenen Problemen mit ihren Eltern, Geschwistern oder mit ihrem ersten Mann herrühren. Man kann eine beliebige Anzahl von Fehlern in den Partner hinein projizieren und dann einen Streit vom Zaun brechen, um sich für vergangenes Unrecht zu entschädigen.

9. *Der Faktor Unabhängigkeit* geht auf das elementare Bedürfnis zurück, die eigene Persönlichkeit zu finden, weiterzuentwickeln und zu entfalten. Um in einer langjährigen Beziehung glücklich zu sein, muß man sich gegenseitig ein gewisses Maß an Unabhängigkeit zubilligen. Wenige Ehen funktionieren, wenn der eine stets im Schatten des anderen steht. Keiner kann auf Dauer damit leben, dem anderen immer zustimmen zu müssen. Wenn sich ein solches Rollenverhalten verfestigt, wenn einer befiehlt und der andere gehorcht, werden beide irgendwann feststellen, daß sie den falschen Weg eingeschlagen haben oder sich auf dem richtigen Weg mit dem falschen Partner befinden. Jeder muß ein eigenständiger Mensch mit eigenen Gedanken, Gefühlen und Meinungen sein.

Unabhängigkeit bedeutet auch, eigene Freundschaften und Interessen zu pflegen. Er spielt gern mit seinen Kumpeln Samstag morgens Tennis, während sie mit ihren Freundinnen beim Mittagessen politische Diskussionen führt. Eigenen Interessen und Hobbies nachzugehen hilft, neue Energien zu schöpfen. Die zeitweise Trennung vom anderen bietet neuen Gesprächsstoff und hält die Beziehung lebendig.

Aber es kann auch der Zeitpunkt kommen, wo das Bedürfnis nach größerer Unabhängigkeit und einer eigenen, vom Partner unabhängigen Identität entsteht. Man will mehr selbst in die Hand nehmen, was dazu führen kann, daß man den Partner als Widerpart bekämpft. «Ich will es auf *meine* Art machen!» Aber nicht nur das, der Partner soll auch die Veränderung anerkennen und ihr Beifall zollen. Man lehnt seinen Rat oder seine Unterstützung ab, die in früheren Zeiten nicht nur erwünscht, sondern auch geschätzt war. Dieser Wandel läßt den Partner oft verwundert fragen: «Was ist nur in ihn/oder sie gefahren?»

10. *Der Faktor Übergang* entsteht, wenn Dinge sich wandeln. Paare streiten sich, weil sie nicht in der Lage sind, neue Lösungen für alte Probleme zu finden und nicht bemerken, daß sich die Beziehung in einem Übergangsstadium befindet. Die eingefahrenen Verhaltensmuster früherer Jahre funktionieren nicht mehr. Neue Fragen mit alten Antworten abzutun, erscheint einfältig. Neue Herausforderungen und Probleme treten auf, und die alten Lösungsvorschläge versagen. Frühere Gewohnheiten haben ihre Bedeutung verloren.

Während dieser Übergangszeit wollen Paare sichergehen, daß sich die schmerzvollen Ereignisse der Vergangenheit nicht wiederholen und in Zukunft alles besser wird. Um diesen Wandel im Griff zu behalten, versuchen sie, das Verhalten des Partners zu kontrollieren. Jeder will sichergehen, daß sich der andere für die gemeinsamen Träume einsetzt und sie nicht boykottiert.

Der Übergangsfaktor muß als solcher erkannt werden. Er signalisiert nicht unbedingt das Ende der Beziehung; er kann einen Neubeginn darstellen, wo neue Wege, auf den anderen einzugehen, entwickelt werden können.

Übung: Faktoren, die Ihre Beziehung beeinflussen

Wenn Sie sich Ihre Beziehungen ins Gedächtnis zurückrufen, wie sind Sie mit folgenden Faktoren umgegangen? Notieren Sie sich Ihre eigene Reaktion und die Ihres Partners.

1. Wunsch nach Abwechslung
2. Wunsch nach Sicherheit
3. die Unterschiedlichkeit des anderen akzeptieren
4. Bedürfnis nach Anerkennung
5. Wunsch nach Vertrautheit
6. das Bedürfnis, im Recht zu sein
7. Pflichtbewußtsein
8. Streben nach gerechter Behandlung
9. Wunsch nach Unabhängigkeit
10. Übergangsproblematik

Ist einer der Faktoren wichtiger als ein anderer? Ordnen Sie bitte die obige Liste nach dem Einfluß, den die einzelnen Faktoren auf Sie haben.

Die Bedeutung von Konflikten

In der Hitze des Gefechts werden die Grenzen in einer Beziehung abgesteckt, in Auseinandersetzungen läßt jeder den anderen wissen, wie weit er gehen kann und was nicht mehr tragbar ist. In konstruktiven Konflikten gibt jeder einmal nach, bis neue, für beide befriedigende Richtlinien für die Beziehung gefunden werden. Nur so entwickelt sich die Beziehung weiter, statt in den eingefahrenen Bahnen zu verharren.

Ein weiterer positiver Aspekt des Konflikts oder Machtkampfs ist die Möglichkeit, sich zu öffnen und Gedanken und Gefühle auszudrücken, die im alltäglichen Trott unterdrückt oder ignoriert werden. Inmitten eines Streits rückt er endlich damit heraus, was ihn schon die ganze Zeit gestört hat. Oder sie macht ihm einmal klar, daß sie über Gefühle und Stimmungen reden müssen, damit die Beziehung für sie eine Zukunft hat.

Auseinandersetzungen lehren ein Paar schließlich eine entscheidende Tatsache: daß man, ganz gleich wie sehr man es versucht, den anderen nicht gegen seinen Willen ändern kann. Jeder gibt gelegentlich nach, aber einen grundlegenden Wandel herbeizuführen, ist Zwang kaum das geeignete Mittel. Durch Streit und Druck wird die Beziehung eher schlechter. Befolgt man diese Einsicht und akzeptiert man die Unterschiede des anderen, werden Streits überflüssig oder verlieren zumindest an Bedeutung.

Die Herausforderungen des Konfliktstadiums

Die Herausforderungen, die das Konfliktstadium an uns stellt, sind zahlreich. Eine besteht darin, daß jeder Partner sich als eigene Persönlichkeit definiert. Weiter gilt es, das unterschiedliche Wesen des Partners zu akzeptieren. Ferner ist es notwendig zu lernen, mit Aggressionen umzugehen. Darüber hinaus müssen beide in der Lage sein, aus alten Bahnen auszubrechen und die gemeinsamen Träume wieder aufleben zu lassen.

Glückliche Paare streiten. Aber sie tun es auf eine Art, die Unstimmigkeiten beseitigt und nicht erst schafft. Wie Ruth es ausdrückt: «Wir setzen uns auseinander, wenn etwas ansteht und fressen nicht unseren Groll in uns hinein. Es geht manchmal hoch her, aber die Wogen glätten sich immer wieder.»

Glückliche Paare lernen, mit negativen Gefühlen und Konflikten umzugehen. Zunächst einmal behandeln sie den Partner nicht mit schonungsloser Offenheit. Weder leben sie ihre Stimmungen hemmungslos aus, noch sagen sie Dinge, die sie später bereuen. Kritik, Spott und Abwehrmechanismen ersticken die Spontaneität jeder Beziehung. Sie haben ihre Wut unter Kontrolle und zählen beispielsweise erst bis zehn, bevor sie ihre Meinung sagen. Francine Klagsbrun fand in einer Befragung von hundert lang verheirateten Paaren heraus, daß «die Vertrauensbasis in einer guten Ehe so stark ist, daß jeder seine Schwächen zugeben kann und vom anderen dennoch geliebt wird».[33] In Ehen, die auf gegenseitigem Vertrauen basieren, muß keiner vor Überraschungen oder Tiefschlägen Angst haben, weil er weiß, daß der andere ihm das nie antun würde. Es gibt faire Auseinandersetzungen, und jeder übernimmt seinen Teil Verantwortung für die gemeinsamen Probleme.

Viele Psychologen haben sich mit dem von George Bach geprägten Begriff «fairer Streit» beschäftigt.[34] Ein paar ihrer Ratschläge wollen wir aufnehmen. Ein Paar sollte schon zu Anfang einige für beide akzeptable Regeln zur Problemlösung aufstellen. Man sollte sich bewußt sein, daß hinter jeder Anschuldigung ein versteckter Wunsch liegt, der nie direkt geäußert wurde, der aber, wenn entdeckt und vom anderen wohlwollend aufgenommen, zu größerer Nähe in der Beziehung führen kann. Weiterhin sollten Partner einen Weg finden, sich entgegenzukommen, statt sich gegenseitig mit Vorwürfen zu überhäufen. Und nicht zuletzt müssen sie lernen, einen Streit, der alles zu zerstören droht, durch eine positive Aussage zu entschärfen.

Das Stadium der Desillusion

Bei manchen Paaren kommt einmal der Zeitpunkt, wo sie mit ihrer Geduld am Ende sind. Sie sehen ein, daß es keine Möglichkeit gibt, den anderen zu ändern. Die Anstrengung zahlt sich nicht aus. Die gemeinsamen Träume wurden vom Alltag, von Routine und Ärgernissen getrübt oder überlagert. Sie sind ernüchtert, enttäuscht und entmutigt und erklären: «Ich habe alles versucht, damit die Beziehung klappt, aber offensichtlich hat es alles nichts genützt. Ich habe versucht, ihm zuzustimmen. Ich habe Geduld gehabt und mich mit allem zufriedengegeben. Ich hab's mit Argumenten und Schreien, mit Weinen und Bitten versucht. Nichts hat funktioniert, und jetzt habe ich die Nase voll!»

Wenn eine Beziehung zu Ende geht, erlebt man oft Rückzugs-Symptome wie Weinkrämpfe, Konzentrationsschwierigkeiten, Eßanfälle, ruhelose Sehnsucht nach der verlorenen Liebe und Hoffnungslosigkeit. Einer oder beide Partner erkennen, daß sie sich in gegensätzliche Richtungen entwickelt haben und nicht länger einen gemeinsamen Weg beschreiten. Man hat sich auseinandergelebt, und die Beziehung hat einen Punkt erreicht, wo selbst in grundlegenden Fragen keine Übereinstimmung mehr herrscht.

Viele Paare sind desillusioniert, wenn ihre Wertvorstellungen nicht länger übereinstimmen. Man beginnt sich zu fragen: «Was ist aus unserem Traum geworden? Wo haben wir etwas falsch gemacht? Wie sieht die Zukunft aus? Will ich so den Rest meines Lebens verbringen?» Manchmal gelingt durch diese Fragen ein Neuanfang, häufig jedoch vermitteln sie ein Gefühl des Scheiterns. Da die meisten Menschen nicht gerne zugeben, daß sie versagt haben, wagen sie einen erneuten Versuch. Sie verbringen einen langen gemeinsamen Urlaub, entschließen sich, ein Kind zu bekommen oder das Haus zu renovieren. Auf die eine oder andere Weise versuchen sie, eine eingeschlafene Beziehung zu neuem Leben zu erwecken.

Die Bedeutung und die Herausforderungen des Desillusionsstadiums

Manchmal ist es notwendig, eine Phase der Ernüchterung zu durchleben, um überhaupt aus den alten Gleisen ausbrechen zu können. Wenn ein Paar an diesem Punkt angelangt ist, versucht keiner der Partner mehr, den anderen in seine Traumvorstellung hineinpressen zu wollen. Das Desillusionsstadium ist ein Scheideweg im Leben, der ein Paar vor schwerwiegende Entscheidungen stellt. Es gibt mehrere Wahlmöglichkeiten:
– die Streitereien zu beenden und sich einzubilden, alles sei in Ordnung, auch wenn die Realität anders aussieht,
– sich gefühlsmäßig aus der Beziehung zu lösen und die eigenen Energien anderweitig einzusetzen – im Beruf, im Freizeitsport, in Aus- und Weiterbildung, in einer Affäre usw.,
– den Problemen aus dem Weg zu gehen, indem man die Beziehung beendet,
– sich zu engagieren und für eine Veränderung in der Beziehung zu kämpfen.

Das Desillusionsstadium fordert ein Paar heraus zu erkennen, daß ein Gefühl der Enttäuschung ganz natürlich aus dem Wunsch entsteht, neues Leben in die Beziehung zu bringen. Wenn sich die Partner diesen Wunsch gemeinsam bewußtmachen, bietet sich die Gelegenheit für ein ernsthaftes Gespräch über die gemeinsame Zukunft.

Weiter geht es im Desillusionsstadium darum, ob die Partner die Erfahrung, daß jeder eine unabhängige Persönlichkeit entwickelt, konstruktiv umsetzen können oder nicht. Es gilt für beide zu erkennen (und diese Erkenntnis praktisch umzusetzen), daß der andere nicht länger ausschließlicher Orientierungspunkt im Hinblick auf Liebe, soziale Verhaltensmuster, die Einstellung zur Welt und zum Leben im allgemeinen sein kann. Darin liegt die Chance, mehr Verantwortung für das eigene Glück wie auch für den Erfolg der Partnerschaft zu übernehmen. Ein Wandel ist möglich.

Das Übergangsstadium

Viele Menschen entschließen sich, mit ihrem Partner unter allen Umständen zusammenzubleiben. Ihre Beziehung mag unter der Macht der Gewohnheit und Konflikte gelitten haben, sie mögen die Nähe zum anderen eingebüßt haben, aber das bedeutet noch lange nicht, daß die Beziehung zum Scheitern verurteilt ist. Sie sind entschlossen, ihr zum Erfolg zu verhelfen! Allen Widrigkeiten zum Trotz glauben sie an die Möglichkeit des Wandels, die das Übergangsstadium in sich birgt.

Wenn man etwas umwandelt, ändert sich seine Form, seine äußere Erscheinung und/oder seine Funktion. Für eine Beziehung heißt das, daß sie wie Wein reifen muß, damit sie ihre Bitterkeit verliert und somit ihre besonderen Qualitäten zum Vorschein kommen. Romantische Träume müssen überprüft und der Wirklichkeit angepaßt werden. Kompromisse in bezug auf die Angewohnheiten des Partners müssen eingegangen werden. Selbst Auseinandersetzungen sind ein Teil des Umwandlungsprozesses, da sie dazu beitragen können, die Regeln, Rollen und Grenzen der Beziehung bedürfnisgerechter festzulegen. All dies verlangt großes Engagement und den ernsthaften Willen, eine Verliebtheit in dauerhafte Liebe umzuwandeln.

Ein Verhältnis von Grund auf zu verändern, bedeutet, daß ein Paar seine alte Beziehung durch eine neue Form, ein neues Äußeres und eine neue Funktion wiederaufleben läßt. Das läßt sich nicht allein bewerkstelligen, und man darf auch nicht erwarten, daß es nur Sache des Partners ist, sich um Veränderungen zu bemühen. Eine gemeinsame Anstrengung ist notwendig, ohne das Geleistete gegenseitig aufzurechnen und sich übervorteilt zu fühlen. Auch die Umbruchsphase können beide als befriedigende Erfahrung erleben.

Sich miteinander wohl fühlen

Ein charakteristisches Merkmal für Paare, die die Gegenwart des Partners genießen, ist die Fähigkeit, sich gemeinsam zu amüsieren. Sie haben ein feines Gespür für die spielerische Ader des anderen und können spontan darauf reagieren. Beide geben sich ganz ungezwungen und leben ihren Elan und Enthusiasmus ungehindert aus. Sie lieben Spontaneität und Abenteuer. Statt sich nach gewisser Zeit miteinander zu langweilen, genießen sie fasziniert die Gegenwart des anderen und die gemeinsam verbrachten Stunden. Ihre emotionale Nähe stellt sich immer aufs neue ein, ohne daß es einer besonderen Anstrengung bedarf.

Glückliche Paare verbringen gern viel Zeit miteinander. Sie haben keine völlig identischen Vorlieben und Abneigungen, doch harmonisieren sie in ihren Grundinteressen. Sie ziehen es häufig vor, Zeit mit dem Partner zu verbringen, statt mit irgend jemand anderem. Jeannette und Robert Lauer, zwei Experten auf diesem Gebiet, erklären, daß «die intensive Vertrautheit eines Paares – der Wunsch nach gemeinsamen statt eigenen Aktivitäten – auf eine erfüllte, reiche Beziehung hinweist und kein Anzeichen von Identitätsverlust ist».[35]

Paare, die ihre Beziehung genießen, haben selbst nach Jahren noch ein großes Interesse aneinander. Obwohl der anfängliche Liebesrausch abgeklungen ist, wissen sie noch um die Faszination, die der andere beim ersten Mal ausgeübt hat. Sie sind weiterhin neugierig und gespannt, neue Seiten an ihrem Partner zu entdecken. Glückliche Paare berichten, daß sie nach wie vor das Zusammensein mit dem anderen spannend finden und zu schätzen wissen.[36]

Sind Ihnen die Entwicklungsstufen, die eine Beziehung durchlaufen kann, bewußt, so wird es Ihnen leichter fallen, die Zukunft Ihrer eigenen Beziehung vorherzusehen. Wenn Sie sich das Vorangegangene nochmals vergegenwärtigen, sollten Sie nun bereit sein, eine endgültige Entscheidung zu treffen.

8 Die endgültige Entscheidung

*«Ich bin an einem Punkt angelangt, wo ich mich ent-
weder einlasse oder die Beziehung beende. Ich bin
aufgeregt. Ich spüre, daß es die wichtigste Entscheidung meines Lebens ist. Wie kann ich denn wissen,
ob ich mich richtig entscheide?»*

*«Sie bedrängt mich. Sie möchte, daß wir heiraten,
aber ich bin mir immer noch nicht sicher. Ich habe
versucht, die positiven und die negativen Punkte auf-
zulisten, aber das hat mir auch nicht weitergeholfen.
Es hat mich nur noch mehr verwirrt. Wie kann ich zu
einer Entscheidung kommen?»*

*«Komm wir machen's! Laß uns morgen heiraten!
Ich liebe dich, und das reicht mir. Nur darauf kommt
es an, oder?»*

*«Meine verheirateten Freunde sagen, daß meine
Zweifel nur das übliche Muffensausen vor dem großen Tag sind. Mein alleinstehenden Freunde meinen,
daß es meine innere Stimme ist, die ich ernst nehmen
sollte. Ich weiß nicht, was ich glauben soll!»*

Irgendwann kommt der Zeitpunkt, wo Sie bereit sind, eine endgültige Entscheidung zu treffen – einlassen oder abspringen! Dieses
Kapitel zeigt eine Strategie auf, mit der Sie Ihre Entscheidung über-
prüfen können. Manche verlassen sich bei ihren Entscheidungen
auf ihr Gefühl, andere hauptsächlich auf ihre Überzeugungen, und
wieder andere gehen ganz pragmatisch an Entscheidungen heran.
Dieses Kapitel wird Sie dazu anleiten, alle Aspekte in den Entscheidungsprozeß mit einzubeziehen. Es wird auch auf problematische
Fragestellungen eingegangen werden, die alle, die schon einmal verheiratet waren, überdenken sollten, bevor sie sich zu einer neuen,
lebenslangen Bindung entschließen.

Es gibt einige hilfreiche Anhaltspunkte, die Ihnen mehr Sicherheit
bei Ihrer Entscheidungsfindung geben können. Ihre Gefühle sind

ein sehr wichtiger Indikator. Wenn Sie sich hoffnungsvoller, entspannter, freundlicher, lebendiger und fröhlicher erleben, dann hat Ihre Beziehung zweifellos einen positiven Einfluß auf Sie. Wenn Sie feststellen, daß Sie optimistischer in die Zukunft blicken, daß Sie mit großer Ehrlichkeit Ihre gemeinsamen Erfahrungen analysieren, neugierig auf Ihre Zukunft und gespannt darauf sind, mehr über sich beide und das Leben zu erfahren, dann sind Sie auf dem richtigen Weg. Wenn Sie so denken und empfinden, bleibt Ihre Beziehung lebendig und kann sich weiterentwickeln.

Wer entscheidet?

Vielleicht zweifeln Sie noch, ob Sie in der Lage sind, die richtige Entscheidung zu fällen. Dann ist es ganz natürlich, daß Sie Ihrer ganz sicher sein wollen.

Rufen Sie sich den Fragebogen in Kapitel 5 in Erinnerung. Sie lernten das Persönlichkeitsmodell der Ich-Ebenen kennen und wie man die einzelnen Ebenen im Partner erkennt. Nun betrachten Sie Ihre eigenen Ich-Ebenen, damit Sie herausfinden, ‹wer von Ihnen› Ihre Entscheidung trifft. Jede Ihrer Ich-Ebenen hat Einfluß darauf, welchen Partner Sie wie auswählen und wie Sie sich letztendlich entscheiden. Ihre Entscheidung muß auf der Gefühlsebene (Kind), der Überzeugungsebene (Eltern) und auf der praktischen Ebene (Erwachsener) herbeigeführt werden.

Wenn Sie sich Ihrer Wahl bereits sicher sind, könnten Ihre verschiedenen Ich-Ebenen folgendes imaginäres Gespräch mit Ihrem Partner führen:

Gefühlsebene (Kind): «Ich weiß, daß ich dich liebe und du der/die Richtige für mich bist, weil ich mich bei dir so wohl fühle.»

Überzeugungsebene (Eltern): «Ich glaube, daß wir uns gut verstehen werden, weil wir dieselben Werte haben.»

Praktische Ebene (Erwachsener): «Ich glaube, wir werden es zusammen schaffen, weil wir konstruktiv Ziele setzen, Entscheidungen fällen und Probleme lösen.»

Im Idealfall stimmen alle drei Ebenen überein. Aber in Ihrem Innern müssen sich nicht alle einig sein. Ein Teil von Ihnen mag die Beziehung wünschen, während ein anderer Teil vielleicht unzufrieden ist. Wenn Sie unsicher sind, denken Sie möglicherweise: «Ich liebe sie (Gefühlsebene), aber ich liebe ihre Kinder nicht (Überzeugungsebene), und ich bin nicht sicher, ob ich noch einmal die Vaterrolle übernehme möchte (praktische Ebene).» Jemand anderes hat andere Bedenken, die einem einstimmigen Votum im Wege stehen und denkt zum Beispiel: «Ich liebe ihn (Gefühlsebene), aber ich werde ihn nicht heiraten, weil er zu unsicher ist (praktische Ebene), und ich muß mich erst einmal selbst stabilisieren (Überzeugungsebene).»

Sie sollten jeder Ihrer Ich-Ebenen Beachtung schenken. Ein oder zwei Ebenen sind nicht genug. Wenn Sie dies versäumen, kann es passieren, daß einer von Ihnen beiden früher oder später die Beziehung in Frage stellt und vielleicht unzufrieden oder unglücklich wird. Wenn Sie alle drei Ebenen mit einbeziehen, wird Ihnen das die Sicherheit geben, die für Sie richtige Entscheidung zu treffen. Wenn Sie sich jeder Ebene bewußt sind und sich Diskrepanzen zwischen Ihren Gefühlen, Überzeugungen und praktischen Erwägungen auftun, dann könnte dies zu Problemen führen. Aber wenn Sie bereit sind, daran zu arbeiten, müssen Ihre Zweifel Sie nicht daran hindern, Ihre Beziehung weiterzuverfolgen.

Die Gefühlsebene

Liebe wird von unserem Kind-Ich als leidenschaftliches, romantisches, träumerisches Gefühl empfunden. Natürlich möchten viele von uns dies erleben, und wenn es geschieht, glauben wir fest, daß wir den richtigen Partner gefunden haben (was sehr wohl der Fall sein kann). Wir halten unsere Gefühle für die Gewähr einer lang andauernden Liebe.

Unser Kind-Ich spielt eine wichtige Rolle, denn es ist die Seite in uns, die ganz versessen darauf ist, mit dem geliebten Menschen zusammen zu sein. Dieselbe Seite reagiert ernüchtert, wenn etwas nicht nach unseren Wünschen verläuft.

Manche treffen Entscheidungen nur auf der Gefühlsebene. Da das Kind-Ich emotional reagiert, sind seine Entscheidungen, wenn wir verliebt sind, impulsiver, bequemer oder vorbeugender Natur.

Impulsive Entscheidungen werden ohne Berücksichtigung der Zukunft getroffen, aus dem Moment heraus gefällt und sind nur auf unmittelbare Befriedigung ausgerichtet. «Wenn du dich gut dabei fühlst, tu's». Manche Ehen kommen auf diesem Wege zustande. Man prescht voran, wenn die Hindernisse geringfügig oder die Träume hochfliegend sind, und man wacht vielleicht Tage oder Jahre später auf und bereut, sich je auf die Beziehung eingelassen zu haben.

Bequeme Entscheidungen werden von Menchen getroffen, die sich mit dem zufriedengeben, was ihnen gerade am einfachsten zu erreichen erscheint. Sie sind in der Beziehung emotional nicht sehr engagiert. Sie schließen sich gern der Meinung anderer an, weil sie anderen gefallen möchten und selten nein sagen können. Manche verharren in ‹toten› Partnerschaften, die auf der Stelle treten, weil sie ‹besser als gar nichts› sind. Charlene zum Beispiel ist mit einem verheirateten Mann befreundet. Er hat ihr versprochen, sich nach drei oder vier Jahren, wenn die Kinder mit der Ausbildung fertig sind, scheiden zu lassen. Sie weiß, daß die Beziehung keine Zukunft hat, bleibt aber weiter mit ihm zusammen. Sie genießt seine Aufmerksamkeit. Sie übernimmt für ihr Leben keine Verantwortung; sie arrangiert sich mit einer Situation, die letztendlich unbefriedigend für sie ist.

Rachel erinnert sich: «Anfangs war ich nicht in ihn verliebt. Aber er liebte mich und kümmerte sich sehr um mich. Es war schön, auszugehen und jemanden zu haben, mit dem man etwas unternehmen konnte. Nach einer Weile war ich richtig abhängig von seiner Aufmerksamkeit. Ich freute mich auf seine Anrufe und seine Karten im Briefkasten. Im Laufe der Zeit hatte ich mich anscheinend so an ihn gewöhnt, daß ich mir einbildete, ihn zu lieben.»

Vorbeugende Entscheidungen werden von Menschen getroffen, die ihr Bedürfnis nach Sicherheit über alle anderen Erwägungen stellen. Sie hoffen in der Regel, jemanden zu finden, der sie in irgendeiner Weise beschützt. Vielleicht ist sie oder er eine gute Mutter oder ein guter Vater für ihre Kinder oder gibt ihnen finanzielle Sicherheit, die sie nie zuvor hatten, hilft ihnen vielleicht, sich unter Menschen sicher und ohne Angst zu fühlen oder wird sie nie verlassen. Wer solche vorbeugenden Entscheidungen fällt, bezahlt unter Umständen einen hohen Preis, indem er/sie die eigene Identität aufgibt oder auf die Qualität eines Lebens verzichtet, das mehr Risiken, aber auch größere Intensität mit sich bringt.

Obwohl leidenschaftliche Liebe wünschenswert und notwendig ist, reicht sie allein nicht aus. Gefühle müssen durch eindeutige Werte und genaues Wissen untermauert und geleitet werden, damit eine Beziehung sich entwickeln kann und funktioniert. Um eine kluge Entscheidung zu fällen, sollten Sie auch auf Ihre anderen Seiten hören. Ihr Kind-Ich hat nur zu einem Drittel Anteil an Ihrer Entscheidung. Die folgenden Übungen werden Ihnen helfen, Ihre Gefühlsebene zu ergründen.

Wenn Sie Ihrem Kind-Ich die alleinige Entscheidung überlassen, wird Ihr Erwachsenen-Ich Ihnen früher oder später unangenehme Fragen stellen, und Ihr Eltern-Ich wird kritisch und vorwurfsvoll reagieren. Da viele Ehen nur auf der Gefühlsebene zustandekommen und die Scheidungsrate etwa 50 Prozent beträgt, ist es wichtig, auf die eigenen Werte und den gesunden Menschenverstand zu achten.

Die Überzeugungsebene

Ihr Eltern-Ich spielt im Entscheidungsprozeß eine bedeutende Rolle. Es deckt den Teil ab, der Wertvorstellungen und Ansichten über Menschen, das Leben, Ehe, Sexualität und so weiter hat. Ihre Wertvorstellungen bestimmen Ihr Verhalten weitgehend und stellen eine Orientierungshilfe in Ihrem Leben dar. Sie lassen sich nur schwer verändern; sie können Ihre Beziehung voranbringen oder zu großen Konflikten führen. Es ist deshalb äußerst wichtig, daß Sie Ihr Eltern-Ich in Ihre Entscheidungsfindung mit einbeziehen.

Übung: Schätzen Sie Ihre Gefühle ein

Die folgenden Fragen sollen Ihnen helfen, herauszufinden, was Ihr Kind-Ich möchte und sich über Ihre Gefühle klarzuwerden.
Beantworten Sie die Fragen mit einem «ja», «nein» oder «vielleicht/manchmal», und notieren Sie die Häufigkeit der jeweiligen Antworten auf einem Zettel.

1. Liebe ich diesen Menschen wirklich?
2. Verbringe ich gerne geruhsame Stunden mit ihr/ihm?
3. Macht es mir Spaß, wenn wir etwas zusammen unternehmen?
4. Kann ich ihm/ihr vertrauen?
5. Fühle ich mich bei ihr/ihm geborgen?
6. Wird er/sie sich um mich kümmern, wenn ich erschöpft, krank oder traurig bin?
7. Gibt es etwas an ihm/ihr, was mich ängstigt oder mir nicht behagt?
8. Gibt es etwas an ihm/ihr, was ich nicht mag?
9. Verbirgt sie/er etwas vor mir?
10. Habe ich das Gefühl, daß er/sie mich zwar liebt, mich aber verändern möchte?
11. Entscheide ich mich für diesen Menschen, weil ich mich dazu verpflichtet fühle?

Bei den Fragen 1 bis 6 zählt jedes «Ja» drei Punkte, jedes «Vielleicht/ Manchmal» zwei Punkte und jedes «Nein» einen Punkt. Bei den Fragen 7 bis 11 verhält es sich genau umgekehrt: Jedes «Nein» zählt drei Punkte, jedes «Vielleicht/Manchmal» zwei Punkte und jedes «Ja» einen Punkt.

Zählen Sie jetzt Ihre Antworten zusammen (Maximal 33 Punkte sind möglich). Haben Sie zwischen 26 und 33 Punkte erreicht, so bedeutet das, daß sich Ihr Kind-Ich diesen Menschen ausgewählt hat, weil es sich in der Beziehung wohl fühlt. Haben Sie zwischen 17 und 25 Punkte, so ist sich Ihr Kind-Ich nicht sicher, ob es die richtige Beziehung für Sie ist. Wenn Sie unter 16 Punkten liegen, fühlt sich Ihr Kind-Ich nicht sehr zuversichtlich oder sicher.

Vergewissern Sie sich, daß Ihre grundlegenden Werte über Liebe und das Leben im allgemeinen mit denen Ihres Partners übereinstimmen. Sie müssen nicht identisch sein, aber je mehr sie sich annähern, desto weniger Konfliktpotential besteht. Wenn sie gleich sind, wird es Ihnen leichtfallen, übereinzustimmen und einander zu respektieren und nicht auf Teufel komm raus Ihren Partner von Ihrer Sichtweise überzeugen zu wollen. Es würde eine solide Basis für die weitere Entwicklung der Beziehung darstellen.

Manche Menschen lassen sich bei ihren Entscheidungen *nur* von ihrem Eltern-Ich leiten. Sie sagen sich zum Beispiel: «Ich *sollte* ihn/

sie heiraten, denn das erwarten meine Familie und alle meine Freunde von mir.» Oder: «Ich sollte endlich heiraten, und er ist ja auch ganz in Ordnung.» Diese Menschen richten sich zu sehr nach der Meinung anderer. Sie tragen die Auffassungen ihrer Eltern mit sich herum und sind nicht in der Lage, selbständig zu entscheiden, was sie fühlen, denken oder gar wünschen und dann dazu zu stehen. Rene erzählt, wie es zu ihrem Entschluß kam, Michael zu heiráten: «Meine Freunde mochten ihn und meinten, ich sei verrückt, wenn ich ihn mir entgehen ließe. Meine Eltern behandelten ihn wie einen Sohn. Sie sagten, er würde einen guten Ehemann und Vater abgeben. Ich war mir nicht sicher, hörte aber auf sie. Sie hatten immer recht, also dachte ich, daß sie auch diesmal recht haben würden.»

Manche haben mit einer negativen Grundeinstellung zu kämpfen und sagen sich beispielsweise: «Mit diesem Menschen kann es gar nicht gutgehen» oder «Ich muß jemanden finden, der denselben religiösen Hintergrund hat, jemand, der besser in die Familie paßt.» Solche negativen Einstellungen müssen überprüft werden. Es kann sich dabei um alte Vorstellungen, Ratschläge oder Einstellungen handeln, die sich aber durchaus verändern lassen.

Wenn sich Ihr Eltern-Ich gegen die Interessen Ihres Kind-Ichs entscheidet, wird sich das Kind-Ich vernachlässigt fühlen. Eine Beziehung, die sich hauptsächlich auf ‹sollte› und ‹müßte› begründet, wird in der Regel mit der Zeit starr, langweilig und unbefriedigend werden. Irgendwann werden Sie den Wert der Beziehung in Frage stellen.

Übung: Stimmen Ihre Werte überein?

Um festzustellen, ob Ihr Eltern-Ich auch mit entscheidet, beantworten Sie bitte folgende Fragen. Antworten Sie mit «ja», «nein» oder «vielleicht/ungefähr».

Gleichen sich Ihre Ansichten in bezug auf:

1. Glaubensfragen
2. Kindererziehung

3. finanzielle Belange
4. Urlaubsvorstellungen
5. Sex
6. die Notwendigkeit von Aus- und Weiterbildung
7. Arbeitseinstellung und Berufsplanung?

Jedes «Ja» zählt zwei Punkte, jedes «Vielleicht / Ungefähr» einen Punkt und jedes «Nein» keinen. Wenn Sie meistens mit «ja» geantwortet haben, haben Sie viele Vorstellungen mit Ihrem Partner gemeinsam. Haben Sie oft mit «vielleicht / ungefähr» und «nein» geantwortet, dann bestehen einige wichtige Unterschiede, die sich als problematisch herausstellen können, wenn sie nicht am Anfang der Beziehung geklärt werden.

Übung: Was rät Ihnen Ihr Eltern-Ich?

Wahrscheinlich werden Sie in einigen Punkten übereinstimmen und in anderen nicht.
Die folgenden Fragen helfen Ihnen, herauszufinden, ob Ihre Überzeugungen mit Ihren Gefühlen in Einklang stehen. Antworten Sie mit «ja», «nein» oder «vielleicht / ungefähr».

1. Werde ich mit ihm / ihr zusammenleben können, auch wenn wir verschiedene Meinungen haben?
2. Bin ich mit meinem Partner lieber zusammen als mit anderen Menschen?
3. Zieht er / sie ein Zusammensein mit mir anderen Menschen oder Aktivitäten vor?
4. Werde ich bereit sein, mich um meinen Partner zu kümmern, wenn er / sie krank ist?
5. Werde ich bereit sein, mich um meinen Partner zu kümmern, wenn er / sie erschöpft ist?
6. Werde ich bereit sein, mich um meinen Partner zu kümmern, wenn er / sie traurig ist?
7. Werde ich damit umgehen können, wenn er / sie sich anlehnen will?
8. Werde ich damit umgehen können, wenn er / sie mich herumkommandiert?

9. Werden unsere Familien mit unserer Verbindung einverstanden sein?

10. Wenn unsere Sozialisation sehr unterschiedlich verlief, werden wir damit umgehen können?

Auswertung: Jedes «Ja» zählt zwei Punkte, jedes «Vielleicht/ Ungefähr» einen Punkt und jedes «Nein» keinen. (Es können maximal 20 Punkte erreicht werden.) Addieren Sie nun Ihre Punkte von dieser und der vorangegangenen Übung. Haben Sie zwischen 26 und 34 Punkten erreicht, bedeutet das, daß Ihre Wertvorstellungen hinreichend übereinstimmen und Ihr Eltern-Ich Ihren Partner als den Richtigen für Sie ansieht. Haben Sie zwischen 17 und 25 Punkte erreicht, ist sich Ihr Eltern-Ich Ihrer Wahl nicht sicher. Haben sie 16 und weniger Punkte erreicht, sind Ihre Werte und Ansichten zu unterschiedlich und Sie werden wahrscheinlich größere Konflikte haben, wenn Sie nicht versuchen, sich einander anzunähern.

Die praktische Ebene

Eine lang andauernde Liebesbeziehung erfordert auch eine praktische Herangehensweise. Spontaneität, gute Absichten und gemeinsame Wertvorstellungen sind wichtig, aber ein Paar muß auch auf der praktischen Ebene harmonieren, um alle Herausforderungen des Ehelebens meistern zu können. Ihrem Erwachsenen-Ich geht es um Information, Fakten, Fähigkeiten, Pläne und Organisation. Wenn wir die Beziehung mit dem Erwachsenen-Ich beurteilen, sind wir in der Lage, über Leidenschaft und gute Wünsche hinaus die Belange des täglichen Lebens einzuschätzen. Um eine endgültige Entscheidung zu fällen, sollten Sie also Ihr Erwachsenen-Ich zu Rate ziehen.

Menschen, die ihre Entscheidungen *nur* auf der pragmatischen Ebene fällen, sind sehr rational und achten darauf, was zweckmäßig und angemessen ist. Sie mögen in vielen Bereichen übereinstimmen – wie zum Beispiel, pünktlich die Rechnungen zu bezahlen, den Speicher in Ordnung zu halten, das Auto regelmäßig zur Inspektion zu bringen und so weiter – was das Zusammenleben zweifellos erleichtert. Aber wenn sie heiraten und nur ihre praktische Ebene berücksichtigt haben, werden sie sich schwertun, die emotionalen und

irrationalen Seiten des Partners und seine tief verwurzelten Wertvorstellungen zu verstehen.

Wahrscheinlich werden Sie nicht viel miteinander lachen oder
Spaß haben und auch nicht sehr leidenschaftlich oder zärtlich miteinander umgehen oder emotional auf derselben Wellenlänge liegen.

Übung: Wie stark ist die praktische Seite der Beziehung ausgeprägt?

Beantworten Sie folgende Fragen wieder schriftlich mit «ja», «nein»
oder «vielleicht/manchmal».

1. Ist er/sie ein verantwortungsbewußter Mensch?
2. Kommen wir die meiste Zeit gut miteinander aus?
3. Werden wir in der Lage sein, uns gemeinsam weiterzuentwickeln?
4. Werden wir mit Meinungsverschiedenheiten umgehen können?
5. Kann er/sie sich an Verträge und Versprechen halten?
6. Sind wir in der Lage, offen miteinander zu reden?
7. Engagieren wir uns beide in der Beziehung?
8. Fühle ich mich von meinem Partner akzeptiert?
9. Akzeptiere ich meinen Partner, so wie er/sie ist?
10. Habe ich in der Regel Verständnis für meinen Partner?
11. Hat er/sie in der Regel Verständnis für mich?

Auswertung: Für jedes «Ja» erhalten Sie drei Punkte, für jedes
«Vielleicht/Manchmal» zwei Punkte und für jedes «Nein» einen Punkt
(Maximal können 33 Punkte erreicht werden). Liegt Ihr Ergebnis
zwischen 26 und 33 Punkten, so ist Ihre praktische Seite mit Ihrer Wahl
zufrieden. Bei 18 bis 25 Punkten zögert sie noch etwas. Liegen Sie bei
16 und weniger Punkten, sollten Sie dies als Warnsignal ansehen.

Passen Sie zusammen?

Addieren Sie nun die Punkte aller Übungen, maximal können Sie
100 Punkte erreichen. Die folgende Tabelle soll Ihnen als letzte,
grobe Entscheidungshilfe dienen. Obwohl dieser Test keinen An-
spruch auf Unfehlbarkeit erhebt, so kann er Ihnen doch eine Richtung weisen.

80–100 Punkte	Tolle Beziehung! Die ist Ihre Chance!
65– 79 Punkte	Nach einigen Anlaufschwierigkeiten könnte es gutgehen.
50– 64 Punkte	Vielleicht klappt es, doch die Beziehung wird Ihnen wahrscheinlich nicht guttun.
0– 49 Punkte	Ziehen Sie sich zurück, solange Sie es noch können.

Mit sich im Einklang sein

Wenn es Ihnen gelingt, auf allen drei Ebenen Übereinstimmung zu erlangen, so werden Sie eine ausgewogene Entscheidung fällen. Diese wird nicht von Gewohnheit oder Zufall bestimmt sein, sondern aus innerster Überzeugung heraus entstehen. Sie zeugt von einer ausgeglichenen Persönlichkeit.

Gründlich durchdachte Entscheidungen sind ein Zeichen von innerer Reife. Wenn wir einen persönlichen Traum und klare Vorstellungen von unserer Zukunft haben, wird unser Leben erfolgreich verlaufen. Menschen, die solche bewußten Entscheidungen treffen, sind zielorientiert und versuchen, sich die Art von Leben aufzubauen, an die sie glauben. Es sind Menschen, die das Leben und die Liebe ernst nehmen.

Überprüfen Sie Ihre Entscheidung

Es gibt Fragen, die nicht einfach mit «ja» und «nein» beantwortet werden können, die Sie aber in Ihrem Entscheidungsprozeß weiterbringen können. Sie sind mehr auf Ihre Beziehung als auf Ihren Partner bezogen.

1. Wie gut können wir Probleme lösen und wie gehen wir mit Meinungsverschiedenheiten um?
2. Wie werden wir mit Unterschieden umgehen, die nicht zu überbrücken sind (z. B. wenn ich Tiere mag und mein Partner nicht. Werde ich freiwillig auf ein Haustier verzichten, oder wird sich mein Partner damit arrangieren?)
3. Was sind die Stärken unserer Beziehung?

4. Was sind die Schwächen unserer Beziehung?
5. Welche Versprechen haben wir einander gegeben? Werden wir sie einlösen?
6. Welchen Herausforderungen werden wir uns stellen müssen, wenn wir zusammenbleiben?
7. Was wird in unserem gemeinsamen Leben einfach sein, was nicht?
8. Warum glaube ich, daß unsere Beziehung Bestand haben wird?

Diese Fragen reißen Themen an, an denen eine Beziehung wachsen oder scheitern kann. Denken Sie daran, je mehr Sie im vornherein wissen, desto weniger werden Sie später bereuen.

Was geht in Ihnen vor?

«Ja» kann eine beängstigende Antwort sein, wenn Sie an die Risiken und Konsequenzen Ihrer Entscheidung denken. Jasagen kann aber auch Erleichterung bewirken, weil Sie endlich jemanden gefunden haben und mehr noch, weil Sie sich entschieden haben, das Wagnis einzugehen. Sie sind bereit, Ihre gemeinsame Reise anzutreten, und Sie spüren Ihrer beider Vorfreude und Hingabe.

Wenn Sie Ihre Überzeugungen, Gefühle und praktischen Erwägungen in die Entscheidung mit einbezogen haben, können Sie sicher sein, daß Sie die richtige Entscheidung – egal, wie sie ausfiel – getroffen, haben. Sie haben sich die Bereiche vor Augen geführt, in denen Sie mit Ihrem Partner harmonieren werden und die, in denen es zu Konflikten kommen kann. Wenn Sie im voraus wissen, worauf Sie sich einlassen, wird es Ihnen leichter fallen, schwierige Zeiten durchzustehen und anstehende Probleme zu lösen. Sie können sich auf Ihrer beider Fähigkeiten, mit Problemen und Konflikten umzugehen und auch die schönen Seiten zu genießen, verlassen.

Wenn Sie entschieden haben: «Nein, das ist nicht der richtige Partner für mich», dann vertrauen Sie auf Ihr Urteil. Sie haben sich Zeit genommen, die Sache gründlich zu überdenken, und wenn Sie zu der Ansicht gelangt sind, daß dieser Mensch oder diese Beziehung nicht für Sie geeignet ist, dann bleiben Sie dabei.

Wenn Sie sich Ihrer Sache nicht sicher sind und Ihre Antwort «vielleicht» oder «ich bin mir nicht sicher» lautet, warten Sie noch ab. Überstürzen Sie nichts, und begeben Sie sich nicht in eine Situation, die Sie später bereuen könnten. Lassen Sie sich Zeit. Warten Sie noch sechs Monate ab. Warten Sie weitere sechs, wenn es nötig ist. Beobachten Sie, wie sich die Dinge entwickeln und was Sie fühlen, denken und glauben. Wenn Sie sich dann immer noch nicht entscheiden können, sollten Sie sich vielleicht nach einem anderen Partner umschauen. Er oder sie mag ein liebenswerter und guter Mensch sein – aber eben nicht der richtige Partner für Sie.

Hören Sie auf Ihre innere Stimme

Manchmal kann es vorkommen, daß man sich für eine Beziehung entscheiden möchte, aber die innere Stimme warnt einen, es nicht zu tun. Viele Menschen trauen ihrer inneren Stimme und richten sich nach ihr. Andere nicht. Sie ignorieren sie, weil sie glauben, es handelt sich nur um ganz normale Ängste kurz vor der großen Entscheidung. Karen zum Beispiel erzählt über ihre erste Ehe: «Kurz bevor wir heirateten, zogen wir an die Westküste. Als wir quer durchs Land fuhren, kann ich mich noch erinnern, daß ich so für mich dachte, ich glaube nicht, daß es gut mit uns beiden geht. Aber ich wollte nicht auf mich hören. Ich wünschte, ich hätte es getan. Das hätte uns eine Menge Kummer erspart.»

Ihre innere Stimme ist oft weise und vorsichtig. Es kann unsere rationale Seite sein, die die Beziehung in Zweifel zieht oder unsere emotionale Seite, die die bevorstehende Unzufriedenheit erahnt. Wenn Sie nicht zueinander passen, werden Sie dies wahrscheinlich spüren.

Auf eins sollten Sie jedoch achten: Hören Sie genau hin, um sicherzugehen, daß es Ihre innere Stimme ist, und nicht ein Überbleibsel aus der Kindheit oder aus einer früheren Beziehung. Wenn es sich um eine Meinung handelt, die Ihre Eltern immer vertreten haben, prüfen Sie, ob sie auch noch heute für Sie zutrifft. Robert erzählt von seiner Beziehung, die nach monatelangem Hin und Her zerbrach: «Ich hörte auf eine innere Stimme, die mir sagte: ‹Du kannst alles erreichen, wenn du es nur willst.› Das stimmte nicht. Ich konnte die Beziehung nicht retten.»

Um herauszufinden, ob Ihre innere Stimme Ihnen das Richtige rät, ziehen Sie Ihre Gefühle zu Rate. Wenn Sie sich entspannt und sicher fühlen, zuversichtlich und ausgeglichen, sind Ihre Gefühle im Einklang mit Ihrer inneren Stimme. Wenn Sie jedoch ängstlich, unschlüssig, gleichgültig oder verwirrt sind, nehmen Sie sich Zeit, und finden Sie die Ursachen heraus, bevor Sie weiter handeln. Ihre Gefühle und ihre körperlichen Reaktionen wissen vielleicht eher von Ihrem Unbehagen als Ihr Verstand.

Wenn sich negative Verhaltensweisen bei Ihnen oder Ihrem Partner einschleichen, können das Warnsignale sein. Wenn jemand ständig herumnörgelt, rücksichtsloses oder leichtfertiges Benehmen an den Tag legt, nicht bereit ist, sich über wichtige Belange zu unterhalten, vertraute Menschen schlecht behandelt, persönliche Gegenstände vernachlässigt, sexuelle Störungen hat oder sich in der Öffentlichkeit peinlich aufführt, dann sind dies Zeichen, die Sie dazu ermahnen, die Beziehung mit Vorsicht anzugehen. Sie könnten unüberbrückbare Gegensätze ankündigen.

Problematische Lebensumstände

Heutzutage sehen sich Paare mit einigen schwierigen Fragen konfrontiert, die auf die im Umbruch befindliche Rollenverteilung zurückgehen: Sollen z. B. in der Familie beide Partner berufstätig sein? Es gibt oft erhebliche Unterschiede zwischen den Träumen und Lebensentwürfen zweier Menschen. Wenn Persönlichkeiten oder Lebensstile aufeinanderprallen, wird die Entscheidung, mit einem geliebten Menschen zusammenleben zu wollen, sehr schwerfallen. Eine Familie mit zwei Ernährern muß sich einer ganzen Reihe von Herausforderungen stellen. Wenn beide Partner von 8 Uhr bis 18 Uhr arbeiten und dann müde nach Hause kommen, erwartet sie ein Haufen unerledigter häuslicher Pflichten. Ein solcher Lebensrhythmus führt zwangsläufig zu einem gewissen Maß an Streß. Können Sie diese zusätzliche Belastung verkraften? Was geschieht, wenn einer von beiden aus beruflichen Gründen den Wohnort wechseln muß; wird der andere bereit und in der Lage sein, sich anzupassen? Wenn einer tagsüber arbeitet und der andere Schichtdienst oder Nachtschicht hat, bekommen sie sich dann überhaupt noch zu Gesicht?

Ein Paar, das uns konsultierte, rang schwer um eine endgültige Entscheidung, weil sie in dem kleinen Ort, wo sie viele gute Freunde hatte, wohnen bleiben wollte, während er lieber in die Stadt gezogen wäre, um beruflich weiterzukommen und ein abwechslungsreicheres Leben zu führen. Sie liebten sich, befanden sich aber in einem Dilemma: Wer würde für den anderen seine Freunde und seinen Lebensstil aufgeben?

Die vielen neu zusammengefügten Familien von heute stehen vor Situationen und Problemen, die früher gar nicht auftraten. Kinder – meine, deine und unsere – können Konflikte verursachen. Es kann sehr hart sein, sich von den eigenen Kindern zu trennen, wenn man den Ehepartner verläßt oder wenn die Exfrau oder der Exmann das Sorgerecht bekommt und wegzieht.

Die finanziellen Verpflichtungen ehemaligen Ehepartnern gegenüber können eine Beziehung sehr belasten. Steve war schon einmal verheiratet. Bei der Scheidung wurde vereinbart, daß seine Frau das Haus behält, da sie die Kinder aufzog. Er mußte 50 Prozent seines monatlichen Einkommens als Unterhalt für die Kinder zahlen. Damit blieb nicht allzu viel für ihn übrig, aber das bereitete ihm keine großen Probleme – bis er Shannon kennenlernte. Wenn sie essen gingen, bezahlte sie immer für sich selbst. Wenn sie übers Wochenende verreisen wollten, konnte er es sich nicht leisten. Shannon liebte ihn zwar, zögerte aber, ihn zu heiraten. Sie wollte sich die nächsten fünfzehn Jahre nicht derart einschränken müssen.

Genauso problematisch kann es sein, wenn die Partner sich lieben, aber nicht unbedingt die Kinder des anderen. Doreen hatte zwei Kinder im Alter von 6 und 8 Jahren. Daniels Kinder waren schon erwachsen und gingen auf die Universität. Wenn Daniel nicht bereit ist, noch einmal kleine Kinder aufzuziehen, kann ihre Beziehung dann bestehen? Daniel und Doreen beschlossen, zusammenzubleiben und ihre Schwierigkeiten in bezug auf die Kinder gemeinsam zu meistern. Es fiel ihnen nicht leicht, klare Rollen festzulegen. Sie trafen eine Vereinbarung, wann sie sich den Kindern widmen und wann sie beide füreinander dasein wollten.

Ein anderes Paar in einer ähnlichen Situation hatte entschieden, daß sich die Mühe nicht lohnte. Sie trennten sich, heirateten jemand anderen, hatten aber weiter eine Affäre miteinander, bis es eines Tages herauskam und sie eine Menge schwieriger Entscheidungen zu treffen hatten.

Paare, die Kinder haben und eine neue Familie gründen wollen, müssen sich noch mit weit komplexeren Problemen auseinandersetzen. Wenn einer von Ihnen beiden schon einmal verheiratet war, stellen Sie sich bitte folgende Fragen:

❑ Wo werden wir wohnen, bei mir oder bei dir?

❑ Werden deine oder meine Kinder bei uns leben?

❑ Werden sie uns am Wochenende besuchen? Wenn ja, wie und wann wird darüber entschieden und wie wird es organisiert?

❑ Wollen wir noch mehr Kinder haben?

❑ Welche Rolle werde ich für deine Kinder spielen und umgekehrt? Erwartest du von mir, daß ich Elternteil, Freund/in, Autoritätsperson, Tröster/in bin? Wie werde ich mich in dieser Rolle fühlen? Wie wirst du reagieren, wenn ich diese Rolle nicht übernehmen will?

❑ Welches Verhalten kann ich von deinen Kindern erwarten? Und von dir als ihr Elternteil und meinem Partner?

❑ Wie werden sich ihre Besuche auf unser Leben auswirken? Werden sie es bereichern? Oder werden sie uns einschränken oder stören?

❑ Wieviel Unterhalt zahle ich für Kinder und/oder Ehepartner? Wieviel zahlt er/sie? Wie lange noch? Was heißt das für unsere finanziellen Verhältnisse?

❑ Inwieweit wird mein Expartner oder deiner unser Leben beeinflussen? Inwieweit könnte mein Expartner ein Problem für dich darstellen?

❑ Wie werden Erziehungsmaßnahmen geregelt? Wie wirst du reagieren, wenn ich deine Kinder bestrafe? Wie werde ich reagieren, wenn du meine Kinder bestrafst? Werden sich zwei Fronten in unserem Haushalt bilden (du und deine Kinder – ich und meine Kinder)?

❑ Wie werden die häuslichen Pflichten verteilt? Wer wird für was zuständig sein? Wird einer von uns beiden den anderen immer wieder ermahnen müssen?

Wenn wir uns die Bedeutung unserer Entscheidung vor Augen führen, scheint es, als könnten wir uns endlos Fragen stellen, um Gewißheit über etwas zu bekommen, für das es keine Garantie gibt. Im folgenden noch einmal ein paar entscheidende Fragen, die den Prozeß verkürzen und in Ihnen den richtigen Weg weisen:

❏ Sind wir bereit?
❏ Haben wir eine klare Vorstellung von dem gemeinsamen Leben, das wir uns aufbauen wollen?
❏ Sind wir bereit, das Beste aus unseren Unterschieden zu machen?
❏ Sind wir in der Lage, auch Krisenzeiten durchzustehen?
❏ Verfügen wir über Reserven, auf die wir in schwierigen Zeiten zurückgreifen können?
❏ Sind wir beide bereit, zu lernen, was eine Ehe erhält und mit Engagement daran zu arbeiten?

Zweifel in letzter Minute

Wenn wir uns über etwas bewußt werden, kann das Zweifel hervorrufen. Je mehr wir wissen, desto mehr stellen wir in Frage. Ähnlich wie Medizinstudenten im ersten Semester, die fürchten, jede neue Krankheit, von der sie erfahren, selbst zu haben, kann es passieren, daß Sie Unzulänglichkeiten in Ihrer Beziehung entdecken und Sie sich fragen, ob Sie die richtige Entscheidung getroffen haben und ob sie wohl je den richtigen Partner finden werden. Wenn Sie sich daran gewöhnen, sich auch über die praktischeren Seiten Ihrer Partnerschaft Gedanken zu machen und Sie sich der vielen Aspekte Ihrer Beziehung bewußt werden, werden Sie auch den Wert dieser Fragen zu schätzen wissen.

Wenn Sie sich endgültig entscheiden, kann es vorkommen, daß Sie sich nicht mehr sicher sind, ob Sie auch die richtige Entscheidung getroffen haben. Sie fragen sich vielleicht: «Gibt es nicht doch noch eine bessere Partie für mich? Habe ich auch alles bedacht?» Möglicherweise beunruhigt Sie die Tatsache, daß Sie sich noch zu einem anderen Menschen hingezogen oder sich einem anderen Menschen verbunden fühlen. Oder Sie sind entsetzt über Versprechungen, die

Sie gemacht haben oder über die Fassade, die Sie aufrechterhalten haben und möchten am liebsten einen Rückzieher machen? Ambivalente Gefühle und innere Konflikte sind nichts Ungewöhnliches.

Bei manchen Menschen löst allein der Gedanke an mögliche Zweifel Besorgnis aus. Aber Zweifel sind etwas ganz Natürliches. Sie sind sogar ein häufig auftretendes und durchaus vorhersagbares Phänomen. Sie sind ein wichtiger Prüfstein für jede Beziehung. Wenn wir zweifeln, unterziehen wir die Beziehung und unseren Partner einer sehr genauen, subtilen Prüfung, um der Wahrheit auf den Grund zu gehen.

Diese ‹Testphase› spielt sich einer Untersuchung von Leslie Baxter und William Wilmot zufolge in über 35 Prozent der Beziehungen ab. Man fand heraus, daß Frauen in der Regel eher auf indirektem Wege ihren Partner testen und daß es eine ganze Reihe solcher Tests gibt. Die Grenzen des anderen zu erforschen, ist der am weitesten verbreitete Test. Man will wissen: «Was nimmt er/sie in Kauf und wie weit kann ich gehen, daß sie/er noch am Ball bleibt und sich für mich interessiert?» 33 Prozent der Befragten gaben an, daß sie den anderen testeten, indem sie ihn eifersüchtig machten. Andere wendeten subtilere Methoden an, indem sie tiefstapelten (und hofften, daß der Partner ihnen widersprach) oder indem sie heikle Themen ansprachen (um zu sehen, wie der Partner reagierte). Ein anderer Test besteht darin, den Partner vor die Wahl zu stellen, sich zum Beispiel zwischen einem Skiwochenende oder einem Besuch bei den Eltern und der Beziehung zu entscheiden. Auch wenn diese Testphase Spannungen verursacht – oder gar Konflikte und Enttäuschungen – so stellt sie doch ein wichtiges Stadium im letzten Entscheidungsprozeß dar. Es gibt natürlich auch Paare, die nach dieser Testphase die Beziehung abbrechen.

Irgend etwas muß einfach schiefgehen

Menschen, die oft oder auch nur ein einziges Mal verletzt wurden, neigen zu großer Vorsicht. Um sich vor weiteren Enttäuschungen zu schützen, ziehen sie sich im letzten Moment zurück. Ihre vergangenen Enttäuschungen lassen sie daran zweifeln, ob sich ihre Träume je erfüllen werden. «Irgendwas muß ja schiefgehen. Das war schon immer so. Mein Traum ist schon einmal zerbrochen. Warum sollte es diesmal anders sein?» Sie lassen es nicht zu, zuversichtlich zu sein, aus Angst, daß ihre Hoffnungen von neuem enttäuscht werden. Indem sie geistig und emotional den vergangenen Schmerz und die Angst vor der Zukunft immer wieder neu durchleben, hindern sie andere daran, sie aufrichtig zu lieben.

Wenn dies auf Sie zutrifft, müssen Sie lernen, diesen selbstzerstörerischen Teufelskreis zu durchbrechen. Sie sollten sich auf *das Mögliche anstatt auf das Schmerzvolle* konzentrieren. Rücken Sie die Vergangenheit ins rechte Licht; sicher haben Menschen Sie enttäuscht. Das war wahrscheinlich schmerzlich. Aber geben Sie Ihre Träume nicht auf, nur weil Sie in der Vergangenheit Fehlschläge erlitten haben.

Trotz der Möglichkeit, auch in Zukunft wieder enttäuscht zu werden, lohnt sich das Wagnis, sich neu zu verlieben. Bauen Sie bewußt in sich die Erwartung auf, daß es Ihnen gelingen wird – und eines Tages wird sich Ihr Traum auch erfüllen.

Seien Sie bereit, etwas zu riskieren, verletzbar zu sein, sich der Liebe hinzugeben, und lassen Sie Ihre neuen Träume Ihr Leben leiten. Vertrauen Sie darauf, daß Sie die richtige Entscheidung treffen werden. Was immer die Zukunft bringen mag, trauen Sie sich zu, daß Sie damit fertig werden.

Eine gute und eine schlechte Nachricht

«Um von Punkt A nach Punkt B zu gelangen, müssen Sie Punkt A verlassen.» Das Single-Dasein aufgeben, um sich dem Unbekannten auszusetzen – einer neuen und verbindlichen Partnerschaft – ist eine große Herausforderung. Ihr Entschluß, sich wieder zu verlieben, wird auf Sie und Ihre Nächsten einen nachhaltigen Einfluß haben. Nicht allen fällt diese Entscheidung leicht, manch einer tut sich schwer damit. Wie können Sie wissen, ob Sie alles bedacht haben und später keine unangenehmen Überraschungen erleben werden?

Selbst wenn Sie sich die Zeit nehmen, sich selbst und Ihre Beziehung vorher gründlich zu prüfen, gibt es keine Garantie für ein Gelingen. Menschen und Beziehungen verändern sich im Laufe der Zeit und auf unvorhersehbare Weise. Das ist die schlechte Nachricht. Die *gute* Nachricht allerdings ist, daß entschlossene Menschen, die eine wohlüberlegte und ernstgemeinte Entscheidung treffen, größere Aussichten haben, eine glückliche Partnerschaft zu entwickeln.

Glauben Sie an sich

Nachdem Sie Ihre Partnerschaft von vielen Seiten durchleuchtet haben und wissen, wie Sie Ihre Zukunftsperspektiven analysieren können, kommen Sie nun zu einer Entscheidung. Schaffen Sie sich die geeignete Atmosphäre, um Klarheit zu gewinnen. Vielleicht möchten Sie hinaus in die Natur gehen, an einen ruhigen Ort, wo Sie Ihren Gedanken freien Lauf lassen können. Oder Sie möchten Ihre Gedanken aufschreiben und auf diese Weise ordnen, damit Ihnen die Dinge klarer werden. Oder Sie möchten um die Kraft beten und die Fähigkeit, zu erkennen, was für Sie gut und richtig ist. Schaffen Sie sich die Rahmenbedingungen, die Ihnen eine Entscheidungsfindung erleichtern. Dann gehen Sie in sich, prüfen Sie, hinterfragen Sie, oder reden Sie darüber – und dann, wenn Sie bereit sind – vertrauen Sie auf Ihr Urteil, und stehen Sie zu Ihrer Entscheidung!

9 Die richtige Beziehung mit dem richtigen Partner

Ein Leben mit dem richtigen Partner verspricht Erfüllung. Es bedeutet auch, dem anderen in «ernsthaftem Dialog zu begegnen».[39] Vieles, was landläufig unter Dialog verstanden wird, ist lediglich oberflächliche Konversation und entspringt dem Bestreben, den anderen von etwas zu überzeugen, oder dem Drang, sich reden zu hören. Bei einem echten Dialog hingegen konzentriert man sich völlig auf sein Gegenüber und denkt an nichts anderes. Die Partner reden *miteinander*, nicht aneinander vorbei. Sie schauen sich an; verschließen weder die Augen, noch richten sie ihren Blick auf den Boden oder an die Decke. Sie sehen dem anderen in die Augen und sprechen ihn direkt an, ohne einem Thema auszuweichen oder ihm die Schärfe zu nehmen. Sie hören zu, statt darüber nachzudenken, was sie sagen können, wenn der Partner endlich fertig ist. Auf der Suche nach dem richtigen Partner sollte uns bewußt sein, daß ein ernsthafter Dialog die Grundvoraussetzung für eine lebendige und erfolgreiche Beziehung darstellt.

Die Partner im Dialog

Ernsthafter Dialog bedeutet, daß jeder sich ganz auf den Partner einstellt. Das heißt nicht, daß man die eigene Persönlichkeit aufgibt, auch nicht, daß man von den Gefühlen, Gedanken, Träumen und Aktivitäten des anderen erdrückt wird oder sich darin verliert. Vielmehr bedeutet es, mit dem eigenen Standpunkt und dem des Partners zu leben. Man achtet vorbehaltlos die Welt und die Werte des anderen, weiß, daß sie von ebenso großer Bedeutung und Berechtigung sind wie die eigenen. Diese Art des Gebens ist eine Kunst. Aber in uns allen steckt ein Künstler; oder wie es der Philosoph und Theologe Martin Buber ausdrückt: «Es gibt keine talentierten oder untalentierten Menschen, nur solche, die sich hingeben und andere, die sich zurückhalten.»[40]

Um einen Dialog zu führen, bedarf es einer Kommunikationsebene, einer Vertrauensbasis und einer Atmosphäre, die es beiden Partnern ermöglicht, sich offen darüber auszutauschen, was sie wirklich bewegt. In einer solchen Situation wird man bereitwillig Gedanken und Gefühle, Wünsche und Bedürfnisse so genau wie möglich artikulieren und dem anderen seinerseits aufmerksam zuhören, wenn er sich öffnet. Man teilt seine innersten Empfindungen mit, spricht mit dem Herzen und ist aufrichtig an den Gedanken des Partners interessiert.

Bei einem Dialog sind nicht nur deutlicher Ausdruck und aufmerksames Zuhören wichtig, sondern auch *Verstehen* und *Verständnis*. Verstehen hat im allgemeinen mit Wissen zu tun, während Verständnis das Gefühl anspricht. In einer funktionierenden Beziehung bedeutet Verstehen, daß man die Gedanken des anderen nachvollzieht, und Verständnis haben, daß man seine Gefühle nachempfindet. Durch Verstehen und Verständnis entwickelt jeder ein Gespür dafür, was für den anderen wichtig ist und warum der Partner etwas tut.

Eine weitere Voraussetzung ist, den Partner zu akzeptieren. Paare, die sich verstehen, nehmen zwar die Schwächen und Fehler des anderen wahr, messen den positiven Eigenschaften aber mehr Bedeutung bei. Ein bekannter Arzt nennt dies: «Die Fähigkeit, den geliebten Menschen weiterhin zu idealisieren, obwohl man ihn gleichzeitig objektiv, manchmal sogar negativ beurteilt.»[41]

Den Partner zu akzeptieren, ist mehr als die höfliche Aufmerksamkeit, die man einem flüchtigen Bekannten oder einem Chef zuteil werden läßt. Jeder Partner muß das Wesen des anderen akzeptieren lernen, ohne aus ihm oder ihr einen anderen Menschen machen zu wollen. Dann erkennt man, daß Unterschiede eine Beziehung eher bereichern, als sie zu untergraben. Indem man den anderen als eigenständige Persönlichkeit anerkennt, ist man sich der Ehre bewußt, Zugang zu diesem Heiligtum aus Gefühlen, Gedanken, Träumen und dem Leben des Partners zu haben. Simone de Beauvoir schrieb einmal: «Respektiere die Privatsphäre des anderen, und geh behutsam mit seinen Träumen um.»[42] Glückliche Paare nehmen sich diesen Rat zu Herzen.

Respekt für einen anderen Menschen wird wechselseitig, wenn er mit Selbstachtung einhergeht. Den Managementspezialisten Warren Bennis und Burt Nanus[43] zufolge beruht Selbstachtung auf drei grundlegenden Verhaltensweisen: Erstens muß man die eigenen Stärken anerkennen, ohne sich durch Eitelkeit und Bescheidenheit zu blockieren. Ebenso muß man die eigenen Schwächen akzeptieren und nicht als fatale Unzulänglichkeiten mißverstehen. Zweitens muß man die eigenen Stärken bewahren und weiterentwickeln, um damit persönliche Fehler auszugleichen, bevor sie anderen schaden. Drittens sollte man die Fähigkeit ausbauen, die persönlichen Stärken mit den Bedürfnissen der Partnerschaft und des Partners in Einklang zu bringen. Auf diese Weise bringen Sie Ihre Stärken und Schwächen als ‹Zutaten› mit ein und tragen somit zum Gelingen der Beziehung bei.

Eine dauerhafte Verpflichtung

Paare, die sich lieben, geben nicht auf. Sie haben Verantwortung gegenüber ihrem Partner und der Beziehung übernommen. Sie nehmen in Kauf, eine Weile unglücklich zu sein, und sind entschlossen, auch harte Zeiten durchzustehen. Hugh sagte über seine Ehe: «Ich fühle mich sicher, weil ich weiß, daß wir selbst in schweren Zeiten zueinander stehen werden.» Seine Frau Ann fügte hinzu: «Wir gehören zusammen. Unser Leben und unsere Träume passen zusammen.»

Ein gemeinsamer Traum, der zwei Menschen zusammenführte, wird sie auch im Laufe der Jahre zusammenhalten. Liebende Paare bewahren sich ihre gemeinsamen Träume. Sie arbeiten weiter auf gemeinsame Ziele hin, auch wenn sich ein Traum erfüllt hat. Dadurch erschließen sie sich neue Möglichkeiten. Sie erfahren immer aufs neue, wie sie eine Zukunft gestalten, die sie gemeinsam leben wollen.

Liebende Paare erkennen, daß es keine Zauberformeln oder Geheimrezepte gibt. Innige Partnerschaft bedeutet, sich ernsthaft auf den anderen und die Beziehung einzulassen und alle anstehenden Probleme zu lösen. Sie erfordert auch eine gewisse Gelassenheit den alltäglichen Anforderungen gegenüber, ein Akzeptieren der Vergangenheit und Optimismus im Hinblick auf die Zukunft und ein ausgewogenes Verhältnis zwischen Arbeit und Vergnügen. Eine solche Verpflichtung währt in guten wie in schlechten Zeiten, bei Krankheit und Gesundheit, durch dick und dünn, in Augenblicken der Trauer und in Momenten des Glücks.

Danksagung

Unser ganz besonderer Dank gilt:

Muriel James, die uns durch alle Höhen und Tiefen begleitete. Daß wir stets auf ihren Beistand zählen konnten, hat uns immer wieder Mut gemacht. Wir danken ihr ganz herzlich für ihre Geduld und Ausdauer; für die Bereitschaft, ihre Erfahrungen als Autorin an uns weiterzugeben, für ihren Rat, ihre Kritik, ihren Ansporn und ihre Anleitung. Wir danken ihr dafür, daß sie uns dazu ermutigte, unser Wissen und unsere Erfahrung an andere weiterzugeben, auch über die Grenzen unseres Landes hinaus.

Sue Hughes, die zu jeder Tages- und Nachtzeit bei uns hereinschaute, die sogar morgens um halb drei unser Manuskript in ihrem Auto unter einer Straßenlaterne durchlas. Für ihre Hilfe bei grammatischen Fragen, für ihre witzigen Kommentare und Beispiele, die sie an den Rand schrieb und dafür, daß sie mit Interesse und Begeisterung die Entstehung dieses Buches Kapitel für Kapitel verfolgte. Sie unterstützte und inspirierte uns, indem sie uns versicherte, daß unser Buch anderen Menschen wirklich helfen könne.

Cyrisse Jaffee, unserer Lektorin bei Addison-Wesley, für ihr Verständnis für das Thema, für ihren geschulten Blick für die Stärken und Schwächen des Textes, für ihre redaktionellen Kommentare und Vorschläge, die uns anfangs erschütterten, die jedoch immer auf den Punkt trafen. Sie ermutigte uns, das zu schreiben, was wir wissen. Wir danken ihr für ihre Klarheit, für die gute Zusammenarbeit und für ihren Glauben daran, daß dies ein anregendes und zugleich praktisches Buch werden würde.

Wir bedanken uns bei unseren Klienten, Studenten und Praktikanten, von denen wir soviel gelernt haben; bei unseren Freunden und unseren Familien für ihr Verständnis und ihre Geduld, ihre Fürsorglichkeit und ihren moralischen Beistand.

Herzlichen Dank euch allen!

Anmerkungen

1. Zum Thema Zukunftsträume vergleiche: Levinson, D.: *Das Leben des Mannes: Werdenskrisen, Wendepunkte, Entwicklungschancen.* München: Goldmann 1982; Allport, G.: *Werden der Persönlichkeit. Gedanken zur Grundlegung einer Psychologie der Persönlichkeit.* Bern & Stuttgart: Huber 1958; Friedmann, M. (Hg.): *The Worlds of Existentialism: A Critical Reader.* New York: Random House 1964; Maslow, A.: *Psychologie des Seins.* München: Kindler 1973; Leslie, R.: *Jesus and Logotherapy.* Nashville: Abingdon Press 1965; Kent, C. und Pintaro, J.: *To believe in Man.* New York: Harper & Row 1970; Selye, H.: *Streß – Lebensregeln vom Entdecker des Streß-Syndroms.* Reinbek bei Hamburg: Rowohlt 1982; ders.: *Streß – mein Leben: Erinnerungen eines Forschers.* München: Kindler 1981. Vergleiche auch Martin Luther Kings berühmt gewordene Rede «I have a dream» in Washington, D.C. am 28. August 1963. Nach seinem Tod bemerkte Dr. Ralph Abernathy: «Sie haben den Träumer getötet, aber nicht den Traum».
2. Vgl. Anderson, S. und Bem, S.: *Sex Typing and Androgyny in Dyadic Interaction: Individual Differences in Responsiveness to Physical Attractiveness.* In: Journal of Personality and Social Psychology, 41, 1981; Wakil, S.: *Campus Mate Selection Preferences: A. Cross-Cultural Comparison.* In: Social Forces, 51, 1973.
3. Hier legen wir unsere Auswertung von Video-Aufzeichnungen eines Partner-Vermittlungsbüros bei San Francisco zugrunde.
4. Gilligan, C.: *Die andere Stimme: Lebenskonflikte und Moral der Frau.* München, Zürich: Piper 1984.
5. Levinson, D.: *Das Leben des Mannes: Werdenskrisen, Wendepunkte, Entwicklungschancen.* München: Goldmann 1982; Sheehy, G.: *In der Mitte des Lebens: Die Bewältigung vorhersehbarer Krisen.* Frankfurt/M.: Fischer 1982; Davitz, L.: *My Ideal Woman.* In: McCalls, July 1985 und persönliche Beobachtungen der Autoren.
6. Siehe Frankl, V. in: Leslie, R.: *Jesus and Logotherapy (vgl. Anm. 1)*; ders.: *Ein Psychologe erlebt das Konzentrationslager.* Wien: Verlag für Jugend und Volk 1946; ders.: *Ärztliche Seelsorge.* Wien: Deuticke 1952.
7. Vgl. zu diesem Thema auch Beck, A.: *Kognitive Therapie der Depression.* Köln: Diederichs 1982; Berne, E.: *Was sagen Sie, nachdem Sie guten Tag gesagt haben – Psychologie des menschlichen Verhaltens.* München: Kindler 1975; Fiske, S. und Linville, P.: *What does the Schema Concept Buy Us?* In: Personality and Social Psychology Bulle-

tin, 1980, Vol. 6; Fiske, S. und Taylor, S.: *Social Cognition*. Reading: Addison-Wesley 1983; Hastie, R.: *Schematic Principles in Human Memories*. In: Higgins, E. et al (Hg.): *Social Cognition*. Hillsdale: Erlbaum 1981.

 8. Vgl. James, J.: *Grandparents and the Family Script Parade*. In: Transactional Analysis Journal. January 1984.

 9. Mehr über die soziokulturellen Einflüsse auf unsere Grundeinstellungen in: Campbell, D.: *On the Conflicts between Biological and Social Evolution and Between Psychology and Moral Tradition*. In: American Psychologist. December 1975; James, J.: *Cultural Consciousness: The Challange to TA*. In: Transactional Analysis Journal. October 1983; James, M.: *Cultural Scripts: Historical Events us. Historical Interpretation*. In: Transactional Analysis Journal. October 1983; McGoldrick, M.: *Ethnicity and Family Therapy*. New York: Guilford Press 1984; Sue, D.: *Counseling the Culturally Different*. New York: John Wiley & Sons 1981.

10. Siehe auch James, M.: *The Down-Scripting of Women for 115 Generations: A Historic Kaleidoscope*. In: Transactional Analysis Journal. January 1973; Markus, H.: *Self-Schemas and Gender*. In: Journal of Personality and Social Psychology. 1982, Vol. 42.

11. Vgl. Cohen, C.: *Goals and Schemata in Person Perception: Making Sense from the Stream of Behavior*. In: Canton, N. & Kihlstrom, J.: *Cognition, Social Interaction and Personality*. Hillsdale: Erlbaum 1982; Swann, W. und Read, S.: *Acquiring Self-Knowledge: The Search for Feedback that Fits*. In: Journal of Personality and Social Psychology, 1981, Vol. 41; Anderson, C., Lepper, M. und Ross, L.: *Perseverence of Social Theories: The Role of Explanation in the Persistance of Discredited Information*. In: Journal of Personality and Social Psychology, 1980, Vol. 39; Sagar, H. und Schofield, J.: *Racial and Behavioral Cues in Black and White Children's Perceptions of Ambiguously Aggressive Acts*. In: Journal of Personality and Social Psychology, 1980, Vol. 39.

12. Zu den Möglichkeiten und Techniken, die eigene Vorstellungskraft einzusetzen, vgl.: Garfield, C.: *Peak Performance: Mental Training Techniques for the World's Greatest Athletes*. Los Angeles: Jeremy Tarcher 1984; McKim, R.: *Experiences in Visual Thinking*. Belmont: Wadsworth Publishing 1972.
Mehr über positives Denken in: Ray, S.: *I deserve love. How Affirmations Can Guide You to Personal Fulfillment*. Berkeley: Celestial Arts 1976; James, M. und Jongeward, S.: *Spontan leben – Übungen zur Selbstverwirklichung*. Reinbek bei Hamburg: Rowohlt 1983.

13. Nach dem amerikanischen Original: Russianoff, P.: *Why Do I Think I'm Nothing Without a Man?* New York: Bantam Books 1983; Vergleiche auch Edwards, M. und Hoover, E.: *The Challenge of Being Single*. New York. New American Library 1974.

14. Siehe Bennett, N., Craig, P. und Bloom, D.: *Marriage Patterns in the United States*. In: Newsweek, June 2, 1986.

15. Siehe Jung, C. G.: *Seelenprobleme der Gegenwart*. Zürich: L & St. Rascher 1931; vergl. auch von Franz, M.: *Shadow and Evil in Fairy Tailes*. Dallas: Spring Publications 1983; Perls, F. et al: *Gestalt Therapie. Lebensfreude und Persönlichkeitsentfaltung*. Stuttgart: Klett Cotta 1979; Sullivan, Harry Stack: *Die interpersonale Theorie der Psychiatrie*. Frankfurt/M.: S. Fischer 1980.

16. Mehr zu diesem Thema siehe Berne, E.: *Spielarten und Spielregeln der Liebe: Psychologische Analyse der Partnerbeziehung*. Reinbek bei Hamburg: Rowohlt 1971; ders.: *Was sagen Sie, nachdem Sie guten Tag gesagt haben. (vgl. Anm. 7)*; Woollams, S. und Brown, M.: *Abriß der Transaktionsanalyse*. Frankfurt/M.: Fachbuchverlag für Psychologie 1983.

17. Vgl. Asch, S.: *Forming Impressions of Personality*. In: Journal of Abnormal and Social Psychology, 1946, Vol. 41; Fiske, S.: *Attention and Weight in Person Perception: The Impact of Negative and Extreme Behavior*. In: Journal of Personality and Social Psychology, 1980, Vol. 38.

18. Brigham, J.: *Limiting Conditions of Physical Attractiveness Stereotype: Attributions About Divorce*. In: Journal of Research in Personality, 1980, Vol. 14; Gillen, B.: *Physical Attractiveness: A Determinant of Two Types of Goodness*. In: Personality and Social Psychology Bulletin, 1981, Vol. 7.

19. Harrison, A. und Saeed, L.: *Let's Make a Deal: An Analysis of Revelations and Stipulations in Lonely Hearts and Advertisements*. In: Journal of Personality and Social Psychology, 1977, Vol. 35.

20. Salholz, E. et al: *Too Late for Prince Charming*. In: Newsweek, June 2, 1986; Kantrowitz, B. et al: *The New Mating Games*. In: Newsweek, June 2, 1986.

21. Mehr dazu in: Berne, E.: *Spiele der Erwachsenen. Psychologie der menschlichen Beziehungen*. Reinbek bei Hamburg: Rowohlt 1967; James, J.: *The Game Plan*. In: Transactional Analysis Journal, Vol. 3, No. 4, October 1973; James, J. und James, M.: *Games Parents Play*. In: Arnold, E. (Hg.): *Helping Parents Help Their Children*. New York: Brunner Mazel 1978.

22. Vgl. James, J.: *Positive Payoffs After Games*. In: Transactional Journal, Vol. 6, No. 3, July 1976.

23. Berne, E.: *Transactional Analysis in Psychotherapy*. New York: Grove Press; James, M. und Jongeward, D.: *Born to Win*. Eading: Addison-Wesley 1971.

24. Palmer, G.: *Social Currencies*. In: Transactional Analysis Journal, 1977, Vol. 7, No. 1.

25. Ortega y Gasset, J.: *Über die Liebe*. Stuttgart: DVA 1949.

26. Vgl.: Bernstein, M. und Crosby, F.: *An Empirical Examination of Relative Deprivation Theory*. In: Journal of Experimental Social Psycho-

logy, 1980, 16; Berscheid, E. und Walster, E.: *A Little Bit About Love*. In: Houston, T. (Hg.): *Foundations of Interpersonal Attraction*. New York: Academic Press 1974.

27. Teeser, A. und Pankhus, D.: *Toward a Causal Model of Love*. In: Journal of Personality and Social Psychology, 1976, Vol. 34.

28. Siehe: Averill, J. und Boothroyd, P.: *Falling in Love in Conformance with the Romantic Ideal*. In: Motivation and Emotion, 1977, 1; Rubin, Z., Peplau, L. und Hill, C.: *Loving and Leaving: Sex Differences in Attachement*. In: Sex Roles, 1981, Vol. 7.

29. Vgl. Leonard, J.: *Private Lives*. In: New York Times, February 13, 1980; Vernon, J.: *Is It Love or Total Adiction?* In: Feeling Great, Juli 1985.

30. Vgl. Buber, M.: *Der Weg des Menschen nach der chassidischen Lehre*. Den Haag: Pulvis Viarum 1948; Jouard, S.: *The Fear That Cheats Us of Love*. In: Redbook, October 1971; ders.: *The Transparent Self*. New York: Van Nostrand 1964; ders.: *Disclosing Man to Himself*. New York: Nostrand 1968.

31. Nach dem amerikanischen Original Winstanley, R.: nach Meer, J.: *Happy Days for Executives' Wives*. In: Psychology Today. February 1985.

32. Siehe Berne, E.: *Was sagen Sie, nachdem Sie guten Tag gesagt haben* (vgl. Anm. 7); vgl. auch Bach, G. und Wyden, P.: *Streiten verbindet. Spielregeln für Liebe und Ehe*. Frankfurt/M: Fischer 1983.

33. Nach dem amerikanischen Original Klagsbrun, F.: *Married People. Staying Together in the Age of Divorce*. New York: Bantam 1985; Hales, D.: *10 Secrets of a Happy Marriage*. In: McCall's, February 1986.

34. Mehr zum Thema «fair streiten» siehe: Bach, G. und Wyden, P.: *Streiten verbindet* (vgl. Anm. 32); Campbell, S.: *Beyond the Power Struggle*. San Luis Obispo: Impact Publishers 1984; Gottman, J. et al: *A Couple's Guide to Communication*. New York: Research Press 1976; Gorkin, M.: *Anger or Aggression: Confronting the Passionate Edge*. In: Legal Assistant Today. Winter 1986.

35. Nach dem amerikanischen Original Lauer, J. und Lauer, R.: *Marriages Made to Last*. In: Psychology Today, June 1985.

36. Vgl. Lauer, J. und Lauer, R. (vgl. Anm. 35); Gottman, J.: *Marital Interactions: Experimental Investigations*. New York: Academic Press 1979; Levinger, G.: in: Raush, G. und Raush, H. (Hg.): *Close Relationships: Perspectives on the Meaning of Intimacy*. Amherst: University of Massachusetts Press 1977.

37. Vgl. Beal, E.: *Separation, Divorce, and Single-Parent Families*. In: Carter, E. und McGoldrick, M. (Hg.): *The Family Life Cycle: A Framework for Family Therapy*. New York Gardner Press 1980; Gelman, D. et al: *Playing Both Mother and Father*. In: Newsweek, July 15, 1985; Robinson, B. and Barret, R.: *Teenage Fathers*. In. Psychology Today December 1985.

38. Siehe Baxter, L. und Wilmot, W.: *Secret Test: Social Strategies for Acquiring Informations About the State of Relationship*. In: Human Communications Research, Winter 1984, Vol. 11, No. 2; White, G.: *Inducing Jealousy: A Power Perspective*. In: Personality and Social Psycholog Bulletin, 1980, Vol. 6; ders.: *Model of Romantic Jealousy*. In: Motivation and Emotion 1981, Vol. 5.

39. Siehe Friedman, M.: *Martin Buber: The Life of Dialogue*. New York: Harper 1960; James, M.: *Born to Love*. Reading: Addison-Wesley 1975.

40. Siehe Buber, M.: *Zwiesprache*. Berlin: Schocken Verlag 1932.

41. Kernberg, O. in: Kwitney, Z.: *The Many-Splendored Stages of a Relationship*. In: Cosmopolitan, April 1985.

42. Siehe Beauvoir, S. de: *Das andere Geschlecht. Sitte und Sexus der Frau*. Reinbek bei Hamburg: Rowohlt 1968.

43. Vgl. Bennis, W.: *Führungskräfte: die vier Schlüsselstrategien erfolgreichen Führens*. Frankfurt/M./New York: Campus 1985.

Bibliographie

Wir beschränken uns hier darauf, die in deutscher Sprache erschienene Literatur nachzuweisen. Alle anderen Quellen der Autoren sind den Anmerkungen zu entnehmen, A. d. Ü.

Allport, G.: *Werden der Persönlichkeit. Gedanken zur Grundlegung einer Psychologie der Persönlichkeit.* Bern & Stuttgart: Huber 1958

Bach, G. und Wyden, P.: *Streiten verbindet: Spielregeln für Liebe und Ehe.* Frankfurt: Fischer-Taschenbuch-Verlag 1983

Beauvoir, S. de: *Das andere Geschlecht. Sitte und Sexus der Frau.* Reinbek bei Hamburg: Rowohlt 1968

Beck, A.: *Kognitive Therapie der Depression.* Köln: Diederichs 1982

Bennis, W.: *Führungskräfte: Die vier Schlüsselstrategien erfolgreichen Führens.* Frankfurt/New York: Campus Verlag 1985

Berne, E.: *Was sagen Sie, nachdem Sie guten Tag gesagt haben – Psychologie des menschlichen Verhaltens.* München: Kindler 1975

Ders.: *Spielarten und Spielregeln der Liebe. Psychologische Analyse der Partnerbeziehung.* Reinbek bei Hamburg: Rowohlt 1971

Ders.: *Spiele der Erwachsenen. Psychologie der menschlichen Beziehungen.* Reinbek bei Hamburg: Rowohlt 1967

Boszormenyi-Nagy, I. und Spark: *Unsichtbare Bindungen: Die Dynamik familiärer Systeme.* Stuttgart: Klett-Cotta 1981

Buber, M.: *Zwiesprache.* Berlin: Schocken Verlag 1932

Ders.: *Der Weg des Menschen nach der chassidischen Lehre.* Den Haag: Pulvis Viarum 1948

Cameron-Bandler, L.: *Wieder zusammenfinden – NLP – neue Wege der Partnertherapie.* Paderborn: Jungfermann 1983

Cowan, C. und Kindler, M.: *Der falsche Prinz. Erfolgsfrauen und ihre Partner.* Düsseldorf: Econ 1986

Dowling, C.: *Der Cinderella-Komplex: Die heimliche Angst der Frauen vor der Unabhängigkeit.* Frankfurt: Fischer-Taschenbuch-Verlag 1985

Erikson, E.: *Kindheit und Gesellschaft.* Stuttgart: Klett 1965

Frankl, V.: *Ein Psychologe erlebt das Konzentrationslager.* Wien: Verlag für Jugend und Volk 1946

Ders.: *Ärztliche Seelsorge.* Wien: Deuticke 1952

Gaylin, W.: *Gefühle. Unsere lebenswichtigen Signale.* München: Kösel 1988

Gilligan, C.: *Die andere Stimme: Lebenskonflikte und Moral der Frau.* München/Zürich: Piper 1984

Goulding, M.: *Neuentscheidung: Ein Modell der Psychotherapie.* Stuttgart: Klett Cotta 1981

Huizinga, J.: *Homo ludens. Versuch einer Bestimmung des Spielelements der Kultur.* Basel, Brüssel, Köln, Wien: Akademische Verlagsanstalt, Pantheon 1938

James, M. und Jongeward, D.: *Spontan leben – Übungen zur Selbstverwirklichung.* Reinbek bei Hamburg: Rowohlt 1983

Jung, C. G.: *Seelenprobleme der Gegenwart.* Zürich: L & St. Rascher 1931

Kiley, D.: *Das Peter-Pan-Syndrom – Männer, die nie erwachsen werden.* München: Heyne 1989

Levinson, D.: *Das Leben des Mannes: Werdenskrisen, Wendepunkte, Entwicklungschancen.* München: Goldmann 1982

Maslow, A.: *Psychologie des Seins.* München: Kindler 1973

May, R.: *Die Erfahrung «Ich bin». Sich selbst entdecken in den Grenzen der Welt.* Horizonte des Lebens. Paderborn: Jungfermann 1986

Ders.: *Der Mut zur Kreativität. Horizonte des Lebens.* Paderborn: Jungfermann 1987

Ders.: *Liebe und Wille.* Köln: Ed. Humanist Psychologie 1987

Norwood, R.: *Wenn Frauen zu sehr lieben: Die heimliche Sucht, gebraucht zu werden.* Reinbek bei Hamburg: Rowohlt 1987

Ortega y Gasset, J.: *Über die Liebe.* Stuttgart: Deutsche Verlagsanstalt 1949

Peck, M. S.: *Der wunderbare Weg. Eine neue Psychologie der Liebe und des spirituellen Wachstums.* Gütersloh: Bertelsmann 1986

Perls, F. et al.: *Gestalt Therapie. Lebensfreude und Persönlichkeitsentfaltung.* Stuttgart: Klett Cotta 1979

Satir, V.: *Selbstwert und Kommunikation: Familientherapie für Berater und zur Selbsthilfe.* Freiburg: Lambertus Verlag 1985

Selye, H.: *Streß – Lebensregeln vom Entdecker des Streß-Syndroms.* Reinbek bei Hamburg: Rowohlt 1982

Ders.: *Streß – mein Leben: Erinnerungen eines Forschers.* München: Kindler 1981

Sheehy, G.: *In der Mitte des Lebens: Die Bewältigung vorhersehbarer Krisen.* Frankfurt: Fischer Verlag 1982

Sullivan, H. S.: *Die interpersonale Theorie der Psychiatrie.* Frankfurt: S. Fischer 1980

Walster, E.: *Liebe ist mehr: Partnerschaft und Ehe in neuem Licht.* München: Moderne Verlags-Gesellschaft 1979

Woollams, S. und Brown, M.: *Abriß der Transaktionsanalyse.* Frankfurt: Fachbuchhandlung für Psychologie 1983

zu zweit

ro ro ro
SACHBUCH

C 2377/2